Sprach Deutsch 1

Neufassung

Unterrichtswerk für Erwachsene

Ulrich Häussermann
Georg Dietrich
Christiane C. Günther
Diethelm Kaminski
Ulrike Woods
Hugo Zenkner

unter Mitarbeit
von Hans-Heinrich Wängler und Sieglinde Gruber

Verlag Moritz Diesterweg
Verlag Sauerländer

Titel des Bildes auf dem Bucheinband: „Der eiserne Steg", (1922) von Max Beckmann, Öl auf Leinwand, 120,5 × 84,5 cm, Kunstsammlung Nordrhein-Westfalen, Düsseldorf, © VG Bild-Kunst, Bonn, 1988, Foto: AKG, Berlin
Der Eiserne Steg führt über den Main und verbindet die Frankfurter Altstadt mit dem südlichen Stadtteil Sachsenhausen. Unser Bild entspricht in den Grundzügen auch heute noch der Realität.
Max Beckmann (1884–1950) ist in Leipzig geboren, lebte 22 Jahre in Frankfurt am Main und ging aus politischen Gründen 1937 nach Amsterdam und später nach New York. Beckmann steht im Umkreis des Expressionismus, ging aber seinen eigenen, besonders unpopulären künstlerischen Weg. Seine Arbeiten sind stark und energisch gebaut, jedes Bild hat seinen genauen philosophischen Hintergrund. Das gilt auch für unsere Brücke, die wir natürlich nicht ganz ohne Absicht für dieses Bild gewählt haben.

Die Illustrationen schuf Uli Olschewski, München, die Zeichnungen S. 286 stammen von Rena Kaminski, Köln. Die von Hans-Heinrich Wängler entwickelten graphischen Darstellungen der Sprachlaute gehen auf Röntgenaufnahmen zurück.

	Bestellnummer	ISBN
Diesterweg	5901	3-425-05901-7
Sauerländer	5901	3-7941-3137-1

4. Auflage 1993
© 1989 Verlag Moritz Diesterweg GmbH & Co., Frankfurt am Main/Verlag Sauerländer AG, Aarau.

Gesamtherstellung: Universitätsdruckerei H. Stürtz AG, Würzburg

Dieses Lehrbuch ist zugleich Arbeitsbuch!

Zu allen Bildgeschichten gibt es Farbdiapositive. Aus vielen Gründen bitten wir die Lehrer dringend, diese Dias auch wirklich zu benutzen.

☺☺ bedeutet: Diesen Text finden Sie auch auf Cassette.

Sprachkurs Deutsch 1 und *2* zusammen enthalten das Pensum einer normalen Anfängerstufe (zusammen 180–200 Unterrichtseinheiten, im Extensivkurs 150 Unterrichtseinheiten). Das vom Goethe-Institut erarbeitete Grundstufen-Curriculum wurde überall berücksichtigt.

Weitere Materialien zu *Sprachkurs Deutsch 1 und 2 Neufassung*:

Sprachkurs Deutsch 1 Neufassung		Sprachkurs Deutsch 2 Neufassung	
Lehrbuch	MD 5901	Lehrbuch	MD 5902
Diaserie	MD 6124	Diaserie	MD 6125
4 Cassetten	MD 5941	3 Cassetten	MD 5942
Lehrerheft	MD 5951	Lehrerheft	MD 5952
Glossare: Englisch	MD 5911	Glossare: Englisch	MD 5921
Französisch	MD 5912	Französisch	MD 5922
Griechisch	MD 5913	Griechisch	MD 5923
Italienisch	MD 5914	Italienisch	MD 5924
Spanisch	MD 5915	Spanisch	MD 5925
Türkisch	MD 5916	Türkisch	MD 5926
Arabisch	MD 5917	Arabisch	MD 5927
Russisch	MD 5918	Russisch	MD 5928
Japanisch	MD 5919	Japanisch	MD 5929
Polnisch	MD 5920	Polnisch	MD 5930
Tschechisch	MD 5961	Tschechisch	MD 5971
Ungarisch	MD 5962	Ungarisch	MD 5972
Rumänisch	MD 5963	Rumänisch	MD 5973

Begleitmaterial für die Grundstufe und Mittelstufe:

Grundgrammatik Deutsch   MD 6100

Grammatik à la carte   MD 5991

Inhalt

IV

VI

Empfang

Materialien zur Auswahl*

1
Kleiner Dialog

K: Guten Tag. Ich bin Karl Kralik. Und Sie?
M: Guten Tag. Mein Name ist Ali Makal.

2
Kleiner Dialog

M: Guten Tag. Ich heiße Müller.
B: Und Ihr Vorname?
M: Nikolaus. Ich bin Nikolaus Müller.
B: Ich heiße Bill Becker.

3
Kleiner Dialog

J: Guten Morgen. Ich bin Jürgen Jung. Das ist Selma.
S: Selma Stromberg.
T: Ich heiße Martin Teufel.

4
Kleiner Dialog

A: Guten Abend. Ich bin Marco.
B: Und Ihr Familienname?
A: Marco Andina.

* (einige Vorschläge – Ideen – Möglichkeiten zum Einstieg. Sie können aber auch sofort mit Kapitel 1 beginnen)

1

5
Studie

Das ist _____ . Sie ist *Studentin* .

Das ist *Hans Beyer* . Er ist _____ .

Das ist _____ . Er ist _____ .

...   ...

6
Schüttelkasten

Beispiele: Sie ist *Chemikerin* .

Er ist *Student* .

Stewardess   Lehrer   Musikerin

Ingenieur   Sekretärin

Pilot

Bankkaufmann

Priester   Studentin

Musiker   Kaufmann

7
Kombination

Wie ist Ihr Familienname?
Wie ist Ihr Name?
Was sind Sie von Beruf?
Wie ist Ihr Vorname?

Stewardess.
Schmidt.
Louis.
Mein Name ist Carola Fischer.
Carmen.
Fatima.
Ingenieur.
Ich heiße Maria Bild.
Kostas.
Student.

8
Kombination

Veronika ist
Er ist
Sie ist
Hermann ist
Frau Maier ist

Arbeiter.
Student.
Lehrerin.
Krankenschwester.
Kaufmann.
Sekretärin.
Studentin.
Diplomat.
Priester.
Musikerin.
Krankenpfleger.
Arbeiterin.

1

2

3

4

5

6

7

8

Kapitel 1

Kernprogramm

1 👓
Bild-
geschichte A *

TRINKEN

1 Prost!
2 Das Mädchen trinkt Kaffee.
3 Der Herr trinkt Orangensaft.
4 Die Dame trinkt Champagner.
5 Die Leute trinken Bier.
6 Die Dame trinkt Wein.
7 Das Kind trinkt Milch.
8 Die Leute trinken Tee.

2
Kombination

Die Leute		Kaffee.
Der Herr	trinke	Champagner.
Ich	trinkt	Bier.
Das Kind	trinken	Milch.
Die Dame		Saft.
		Kakao.
		Tee.

* Zu den Bildern aller Bildgeschichten gibt es Farbdias. Den Lehrern wird dringend empfohlen, diese Dias wenn irgend möglich auch zu benutzen, viele Gründe sprechen dafür (siehe Lehrerheft).

3

Kombination

Die Kinder		Tee.
Der Student		Orangensaft.
Ich	trinken	Coca-Cola.
Der Professor	trinkt	Wein.
Die Leute	trinke	Milch.
Der Herr		Apfelsaft.
Die Frau		Wasser.
		Kaffee.

4

Studie

schriftlich und
mündlich

a Der Herr _____trinkt_____ Kaffee.

b Die Leute _____trinken_____ Bier.

c Das Mädchen _____ Tee.

d Das Kind _____ Kakao.

e Die Dame _____ Wein.

f Die Leute _____ Kaffee.

g Die _____ trinkt Tee.

h Das _____ trinkt Milch.

5

Unterhaltung

Schüler – Schüler

Was trinken Sie gern? → Ich trinke gern Bier.

Was trinken Sie gern? → Ich trinke gern ...

Was trinken Sie gern? →

Was trinken Sie gern? →

6

Suchen und
finden

Antworten Sie frei

Trinken Sie Tee oder Kaffee? →Tee, bitte.

Trinken Sie Bier oder Wein? →Wein, bitte.

Trinken Sie Kaffee oder Milch?

Trinken Sie Cola oder Bier?

Trinken Sie Orangensaft oder Apfelsaft?

Trinken Sie Wein oder Bier?

Trinken Sie Kaffee oder Tee?

Trinken Sie Cognac oder Whisky?

7

Suchen und
finden

Antworten Sie frei

Nehmen Sie Tee?   → Nein, lieber Kaffee.

Nehmen Sie Cola?   → Nein, lieber Wein.

Nehmen Sie Milch?

Nehmen Sie Kaffee?

Nehmen Sie Wein?

Nehmen Sie Orangensaft?

Nehmen Sie Kakao?

Nehmen Sie Wasser?

8

Suchen und
finden

Antworten Sie frei

Nehmen Sie Kaffee oder Tee?   → Bitte Tee.

Nehmen Sie Cola?   → Nein, lieber Bier.

Nehmen Sie Orangensaft?   → Nein, lieber Wasser.

Nehmen Sie Wein oder Bier?   → Wein, bitte.

Nehmen Sie Kaffee?

Nehmen Sie Milch?

Nehmen Sie Apfelsaft oder Orangensaft?

Nehmen Sie Mineralwasser?

Nehmen Sie Rotwein oder Weißwein?

Nehmen Sie Kakao?

Nehmen Sie Bier?

Nehmen Sie Zitrone oder Milch?

9
Kleiner Dialog

Bardame:	Und der Herr?
Gast:	Ein Bier.
Bardame:	Groß oder klein?
Gast:	Groß.

10
Variation

Ober:	Der Herr, bitte?
Herr:	Tee.
Ober:	Tee mit Milch?
Herr:	Nein, mit Zitrone.

11
Variation

Ober:	Bitte sehr?
Gast:	Ein Frühstück, bitte.
Ober:	Mit Kaffee oder mit Tee?
Gast:	Mit Tee, bitte.

12
Studie

Ober:	Bitte, was möchten Sie?
Frau:	Ein Glas Tee, bitte.
Ober:	Mit Zitrone oder mit Milch?
Frau:	_____ .

COMPACT-CASSETTEN
ZUM SELBSTSTUDIUM

Für alle, die mit dem »Sprachkurs Deutsch« lernen, bieten die Compact-Cassetten die sinnvolle Ergänzung:

- alle Texte mit ⊙‾⊙ aus dem Lehrbuch, gesprochen von kompetenten Sprechern
- Schulung des Hörverstehens
  (Die Texte zu den HV-Aufgaben sind nicht im Lehrbuch abgedruckt.)
- Sprechübungen mit Übungspausen und anschließender Korrektur
- phonetische und prosodische Übungen zum Anhören und Nachsprechen.

Diesterweg

- ✂

Hiermit bestelle ich:

SPRACHKURS DEUTSCH – Neufassung
Unterrichtswerk für Erwachsene.
Compact-Cassetten zu Teil 1
Satz, bestehend aus 4 Cassetten,
Gesamtlaufzeit ca. 220 Minuten.
Unverbindlich empfohlener Preis   DM 98,— (MD-Nr. 5941)
(ggf. zuzüglich Versandkosten und Nachnahmegebühr)

Datum   Unterschrift

Preis gültig für 1993   ·   Änderungen vorbehalten   ·   Bitte Absenderangaben auf der Rückseite nicht vergessen!

5901

✂ –

ABSENDER (bitte deutliche Blockschrift):

Name _____

Vorname _____

Straße _____

PLZ, Ort _____

_____

Meine Buchhandlung: _____

_____

_____

POSTKARTE

Verlag
Moritz Diesterweg
Postfach 63 01 80

D-6000 Frankfurt 63

13
Studie

Ober:	Und Sie möchten?
Mann:	Ein Frühstück, bitte.
Ober:	_____ ?
Mann:	Mit Tee, bitte.
Ober:	_____ ?
Mann:	Bitte mit Zitrone.
Ober:	Sofort.

14
Elemente

NOMEN

	SINGULAR	
maskulin	de**r** Mann	de**r** Tisch
feminin	**die** Frau	**die** Tasse
neutrum	da**s** Kind	da**s** Glas
	PLURAL	
maskulin	**die** Männer	**die** Tische
feminin	**die** Frauen	**die** Tassen
neutrum	**die** Kinder	**die** Gläser

15
Elemente

NOMEN UND PRONOMEN

Nomen	De**r** Ober bringt Kaffee.
Pronomen	E**r** bringt Kaffee.

Nomen	**Die** Dame möchte Tee.
Pronomen	**Sie** möchte Tee.

Nomen	Da**s** Baby trinkt Milch.
Pronomen	E**s** trinkt Milch.

1

☐ Riesenrad im Prater
☐ Schloß Belvedere (1723)
☐ Blick vom Belvedere auf den Stephansdom
☐ UNO-City
☐ Hotel Sacher
☐ Wiener Plakate

2

3

4

5

6

16
Studie

Ober:	Guten Morgen.
Herr:	Guten Tag. Ist der Tisch hier frei?
Ober:	Ja, bitte nehmen Sie Platz.
Herr:	Bitte ein Frühstück.
Ober:	Mit Tee oder Kaffee?
Herr:	_____ .
Ober:	Mit Zitrone?
Herr:	_____ .
Ober:	Sofort.

17
Studie

Dame:	Guten Morgen. Ist der Tisch frei?
Ober:	Ja, der Tisch _____ . Bitte nehmen Sie _____ .
	Was möchten Sie?
Dame:	Ein Frühstück, _____ .
Ober:	Möchten Sie _____ ?
Dame:	Kaffee, bitte.
Ober:	Ein Glas Orangensaft?
Dame:	_____ .
Ober:	Sofort.

18
Studie

Herr Glas:	Was _____ ? Kaffee? Tee? Schokolade?
Frau Luft:	Kaffee.
Herr Glas:	Herr Ober!
Ober:	Ja, bitte?
Herr Glas:	_____ .
Frau Luft:	Wie geht es Ihnen, Herr Glas? Geht es Ihnen gut?
Herr Glas:	Ja, danke, und Ihnen?
Frau Luft:	Danke, nicht schlecht.
Herr Glas:	Da kommt ja unser Kaffee.
Ober:	Bitte sehr.
Herr Glas:	Danke. _____ Sie Zucker, Frau Luft?
Frau Luft:	Nein, danke.
Herr Glas:	Und Milch?
Frau Luft:	_____ .

19
Elemente

PRÄSENS

	SINGULAR			PLURAL
1		ich **trink**e Tee	1	wir **trink**en Tee
2	formell	Sie **trink**en Tee	2 formell	Sie **trink**en Tee
	familiär	du **trink**st Tee	familiär	ihr **trink**t Tee
3	maskulin	er **trink**t Tee	3 maskulin	
	feminin	sie **trink**t Tee	feminin	sie **trink**en Tee
	neutrum	es **trink**t Tee	neutrum	

20
Kombination

		Orangensaft.
Der alte Mann		Whisky.
Die Dame	raucht	Kaffee.
Ich	trinke	Marlboro.
Die Studentin	trinken	Pfeife.
Die Leute		Milch.
		Cola.

13

21
Kombination

	essen	Spaghetti.
Der Professor	trinke	Kaffee.
Ich	rauchen	Zigaretten.
Die Studenten	raucht	Kakao.
Wir	trinkt	Tee.
Das Mädchen	trinken	Apfelsaft.
Die Kinder	esse	Bier.
		Pizza.
		Wasser.

22
Studie

a Der Herr _____trinkt_____ Wein.

b Die Leute _____ Kaffee.

c Der _____ Cognac.

d Ich _____ Marlboro.

e Das Mädchen _____ Tee.

f Die _____ trinkt Kaffee.

g _____ Herr trinkt Bier.

h _____ Leute rauchen.

i _____ Dame trinkt Champagner.

k Danke, _____ rauche nicht.

23
Schüttelkasten

1. Bitte ordnen Sie
2. Bitte bauen Sie Sätze

Pizza   Zigaretten   rauchen   essen
die Studenten   Marlboro
trinken   die Leute   Tee   das Mädchen
trinkt

24 ⊙⊙
Szene

Ober:	Tee, Kaffee, Schokolade?
Frau Dorn:	Tee, bitte.
Ober:	Und der Herr?
Herr Rose:	Vielleicht Cola, oder Saft ...
Ober:	Cola, Orangensaft, Apfelsaft, Mineralwasser, Bier, Wein?
Herr Rose:	Orangensaft.
Ober:	Gut, Kaffee für die Dame –
Frau Dorn:	Nein, Tee.
Ober:	Und für den Herrn ein Bier.
Herr Rose:	Nein, nein, ich trinke Orangensaft!
Ober:	Sofort.
Frau Dorn:	Das Restaurant hier –
Herr Rose:	Und der Ober –
Ober:	Kaffee – für die Dame.
Frau Dorn:	Nein! Ich trinke Tee!
Ober:	Und für den Herrn – ein Bier.
Herr Rose:	Nein, nein, ich trinke Orangensaft!
Ober:	Tee – für die Dame.
Frau Dorn:	Danke.
Ober:	Bier – für den Herrn.
Frau Dorn:	Prost, Herr Rose! Sie trinken Bier, am Morgen?
Herr Rose:	Ja. – Ich trinke Bier. –

25
Textarbeit

1 Frau Dorn möchte
☐ Kaffee.
☐ Tee.
☐ Orangensaft.

2 Herr Rose möchte
☐ Tee.
☐ Bier.
☐ Orangensaft.

3 Herr Rose trinkt
☐ Tee.
☐ Orangensaft.
☐ Bier.

26

Studie

Bitte bauen
Sie Sätze

a   Frau Dorn / Tee: _Frau Dorn trinkt Tee._

b   Student / Cola: _____

c   Ich / Spaghetti: _____

d   Frau Luft / Camel Filter: _____

e   Wir / Pizza: _____

f   Milch: _____

g   Ober: _____

h   Leute: _____

i   Mineralwasser: _____

k   Kakao: _____

27

Kombination

	Kaffee	
	Kakao	
Eine Flasche	Tee	
Ein Kännchen	Apfelsaft	bitte!
Eine Tasse	Wein	
Ein Glas	Milch	
	Wasser	
	Bier	

28
Kombination

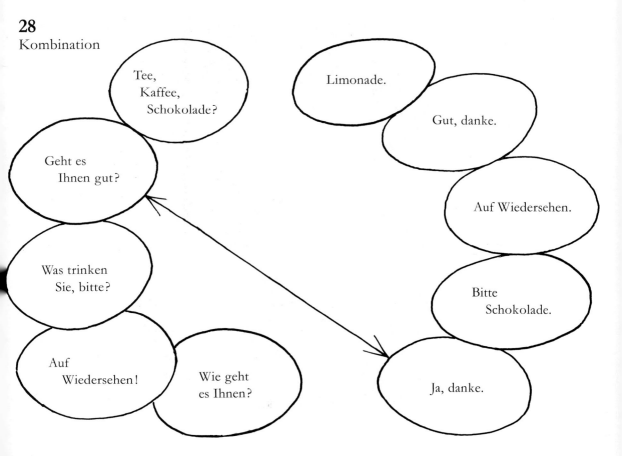

29
Das richtige
Wort

Schreiben Sie (in kleinen Gruppen?) alle Getränke auf ein großes Papier.
Ordnen Sie sie:

a   grammatisch: maskulin / feminin / neutrum
b   nach der Bedeutung: warme Getränke / kalte Getränke

30
Spiel

Spielen Sie ohne Worte:

Sie trinken Bier – Cola – Kaffee – Tee mit Zitrone – Champagner – Cognac
Sie essen Spaghetti – Fisch – Hähnchen – Joghurt – ein Ei – eine Banane
Sie rauchen Pfeife – eine Zigarette ...

Die anderen Schüler raten, was Sie trinken / essen / rauchen.

31
Studie

Wie heißen die Tageszeiten? (Benutzen Sie das Wörterbuch)

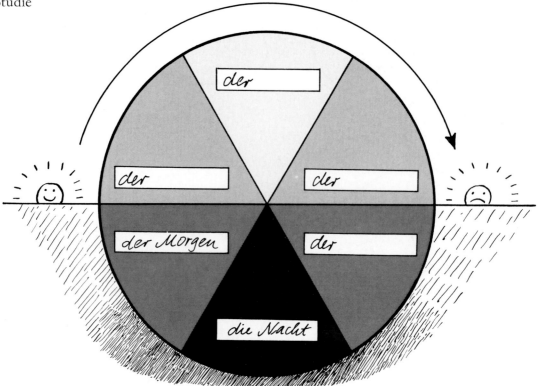

32 👓
Hören und
verstehen

1 Der Dialog ist
☐ am Morgen.
☐ am Mittag.
☐ am Abend.

2 Der Herr
☐ raucht.
☐ raucht nicht.

3 Der Herr trinkt
☐ Kaffee.
☐ Limonade.
☐ Wasser.

4 Wir sind in
☐ Frankfurt.
☐ Berlin.
☐ Wien.

Weitere Materialien zur Auswahl

33 ⊙⊙
Szene

Herr Pfeil:	Und was trinkst du
Matti:	Bier.
Herr Pfeil:	Bier? Matti
Matti:	Nein, Bie
Herr Pfeil:	Vielle
Matti:	Nein, B
Herr Pfeil:	Herr Ober
Bedienung:	Bitte?
Herr Pfeil:	Ein kleines Bier.
Bedienung:	Ein kleines Bier.
Matti:	Nein, ein großes!
Bedienung:	Ein großes?
Herr Pfeil:	Gut. Ein großes Bier.

34
Textarbeit

a   Wir sind

☐ bei Familie Pfeil.
☐ im Restaurant.
☐ im Bus.

b   Matti trinkt

☐ Kakao.
☐ Bier.
☐ Limonade.

c   Herr Pfeil ist

☐ ein schlechter Vater,
☐ ein guter Vater.   –   Und warum?

35
Kombination

			tschechisches	Mineralwasser
			afrikanische	Bananen
	trinke		deutsche	Pizza
	essen		spanische	Milch
Wir	trinken	nie	bayrisches	Bier
Ich	rauche	immer	frische	Tomaten
	esse		indische	Getränke
			türkische	Spaghetti
			italienische	Limonade
			englisches	Zigaretten

19

36
Kontrolle

Frage:	Antwort:
a Was _____ Sie?	– Ich möchte Kaffee, bitte.
b Bitte, _____ trinken Sie?	– Kaffee.
c _____ geht es Ihnen?	– Sehr gut, danke!
d _____ der Tisch frei?	– Ja, nehmen Sie Platz.
e _____ Sie?	– Danke, ich rauche nicht.
f Und _____ wünscht die Dame?	– Ein Glas Tee, bitte.
g _____ Sie, bitte?	– Einen Apfelkuchen.
h _____ Sie Cognac?	– Danke, ich trinke keinen Alkohol.
i _____ der Platz hier frei?	– Ja, bitte.
k _____ es Ihnen gut?	– Nein, heute geht es mir nicht so gut.

10 Lösungen

Kapitel 2

Materialien zur Auswahl

1
Bitte lesen Sie

Athen	00301	Krakau	004812
Bangkok	00662	Leipzig	003741
Berlin (West)	030	London	00441
Berlin (Ost)	00372	Mailand	00392
Brüssel	00322	Melbourne	00613
		Montreal	001514
Dresden	003751	München	089
Düsseldorf	0211		
Frankfurt	069	Paris	00331
Istanbul	00901	Prag	00422
Jena	003778	Rom	00396
Kairo	00202	Tokio	00813

Diese Nummern gelten von Deutschland (West) aus.

2
Studie

a   Schreiben Sie die Namen und Telefonnummern Ihrer Familie, Freunde ...

b   Lesen Sie diese Namen und Nummern laut.

3
Spiel

Raten Sie

- ● Wie groß ist Carlos? Daniela? _____ ? _____ ? ...
    - – Er ist 182 cm groß. Sie ist vielleicht ...

- ● Wie alt ist Yasuko? Marina? _____ ? _____ ? ...
    - – Sie ist vielleicht 19. Er ist vielleicht ...

4
Spiel

Würfeln Sie, und sprechen Sie nur Deutsch. Welche Gruppe gewinnt?

Kernprogramm

5

Elemente

DIE ZAHLEN

1	ein Apfel, eine Tomate, ein Ei		
2	zwei Äpfel, zwei Tomaten, zwei Eier		
3	drei Äpfel, drei Tomaten, drei Eier		
4	vier Äpfel, vier Tomaten, vier Eier		
5	fünf		
6	sechs		
7	sieben		
8	acht		
9	neun		
10	zehn		
11	elf		
12	zwölf	30	dreißig
13	dreizehn	40	vierzig
14	vierzehn	50	fünfzig
15	fünfzehn	60	sechzig
16	sechzehn	70	siebzig
17	siebzehn	80	achtzig
18	achtzehn	90	neunzig
19	neunzehn	100	hundert
20	zwanzig	155	hundertfünfundfünfzig
21	einundzwanzig	200	zweihundert
22	zweiundzwanzig	300	dreihundert
23	dreiundzwanzig	780	siebenhundertachtzig
24	vierundzwanzig	1000	eintausend
25	fünfundzwanzig	1410	eintausendvierhundertzehn
26	sechsundzwanzig	2000	zweitausend
27	siebenundzwanzig	3000	dreitausend

23

1

2

3

4

5

6

7

8

6 👓

Bild-
geschichte B

MARKT

1 Das ist der Markt.
2 Und das ist Frau Fenchel. Ich kaufe immer bei Frau Fenchel.
3 Ich nehme zwei Pfund Äpfel
4 und ein Pfund Trauben
5 und eineinhalb Pfund Birnen.
6 Und ich kaufe ein halbes Pfund Tomaten
7 und einen Salat. Das ist alles.
8 Und das kostet zusammen 12,80 DM.

7

Bitte lesen Sie

a Die Äpfel kosten 2,10 DM.
b Die Kartoffeln kosten 1,30 DM.
c Die Trauben kosten 2 Mark.
d Die Tomaten kosten 1,80 DM.
e Die Bananen kosten 90 Pfennig.
f Die Orangen kosten 1,35 DM.
g Die Zitronen kosten 2,60 DM.
h Der Salat kostet 95 Pfennig.
i Die Trauben kosten 2,35 DM
k Die Gurke kostet 90 Pfennig.
l Die Kartoffeln kosten 1,55 DM.
m Die Eier kosten 2,90 DM.

n Die Birnen kosten −,96 DM.
o Der Fisch kostet 3,80 DM.
p Die Mandarinen kosten 2,05 DM.
q Die Kartoffeln kosten 1,18 DM.
r Die Tomaten kosten 1,68 DM.
s Die Eier kosten 3,24 DM.
t Die Orangen kosten −,98 DM.
u Der Salat kostet 1,46 DM.
v Die Gurke kostet 1,08 DM.
w Der Fisch kostet 4,80 DM.
x Die Eier kosten 3,08 DM.
y Das Brot kostet 2,98 DM.

8

Diktat

Einkaufszettel

_____ Kilo Äpfel   _____ Pfund Tomaten

_____ Kilo Trauben   _____ Salat

_____ Kilo Kartoffeln   _____ Bananen

_____ Gurken   _____ Kilo Birnen

_____ Eier   _____ Brot

_____ Pfund Orangen   _____ g Tee

9

Studie

Frage: Antwort:

<u>Was kosten</u> _____ die Eier?   10 Eier 3,10 DM.

Bitte 20 Eier. <u>Haben</u> Sie Zitronen?   Ja, hier, das Stück 40 Pfennig.

3 Zitronen. Und _____ die Tomaten?   1 Pfund —,95 DM.

Ich _____ ein Kilo.   Kostet 1,90 DM.

_____ Sie Fisch?   Nein, Fisch bekommen Sie da im Fischladen.

_____ Sie Franken?   Nein, wir nehmen nur Mark.

10

Kleine
Unterhaltung

Bitte schreiben Sie einen Einkaufszettel.
Führen Sie dann Einkaufsgespräche.

11

Aufgabe

Gehen Sie auf den Markt, in einen Supermarkt, in eine Gärtnerei und
notieren Sie die Preise von Obst, Gemüse, Brot, Käse. Schreiben Sie eine
Liste und lesen Sie sie im Unterricht vor.

12

Suchen und
finden

1 kg Orangen 6 Mark.
→ Das ist aber teuer!

1 kg Bananen 70 Pfennig.
→ Das ist aber billig!

1 Pfund Äpfel 40 Pfennig.
1 Zitrone 1 Mark.
100 g Tee 7 Mark.
1 Kilo Kartoffeln 5,50 DM.
1 Tasse Kaffee 4,20 DM.
1 Pfund Tomaten 3,80 DM.
1 Flasche Rotwein 2,— DM.

10 Eier 2,— DM.
2 Salat 9,— DM.
1 Schachtel Zigaretten 5,80 DM.
3 Äpfel 4 Mark.
1 Stück Kuchen 1 Mark.
2 Kilo Trauben 12,85 DM.

13

Ihre Rolle,
bitte

Kaufen und verkaufen

A: Ich möchte 2 Ananas.
B: Das macht 7,58 DM, bitte.
M: Ich möchte …

Leberpastete
grob + fein
mit grünem Pfeffer
100 g **-.99**

Bananen
„Chiquita"
1000 g **1.89**

Paprika
Spanien, Kl. II
rot, gelb, grün
1000 g **2.69**

Frischkäse
„Exquisa"
Doppelrahmstufe
200-g-Be. **1.49**

Bienenhonig
„Langnese"
1000-g-Gl. **6.99**

Orangensaft
„Hohes C"
0,7-l-Fl. **1.49**

Jug. Qualitätswein
„Amselfelder"
weiß, rot, rosé
per 0,7-l-Fl. **2.49**

EG Tafelwein
„Himmlisches Tröpfchen"
1-l-Fl. **2.29**

Obst und Gemüse immer frisch und preiswert

Span.
Navelorangen
3-kg-Netz **2.99**

Israel. Speise Früh-
Kartoffeln
HKL. I
1,5-kg-Netz **2.49**

Ital.
Blumenkohl
HKL. I
St. **1.99**

Span.
Eissalat
HKL. I
St. **1.59**

Ital.
Fenchel
HKL. II
1 kg **1.99**

Die Bilder in diesem Kapitel zeigen
Esslingen (Neckar).

14

Diktat

Text im
Lehrerheft

Apfelreis

_____ g Äpfel   _____ g Reis

_____ g Rosinen   _____ Liter Milch

_____ Banane   _____ g Zucker

_____ Orange   _____ Eier

_____ Zitronen   _____ g Butter

15

**Etwas
Mathematik**

fakultativ

a   1 kg Orangen kostet 1,20. 2 kg kosten ...
b   1 kg Tomaten kostet 2,20. 2 kg kosten ...
c   1 kg Trauben kostet 3,10. 2 kg kosten ...
d   1 Flasche Weißwein kostet 8,20. 2 Flaschen kosten ...
e   500 g Tee kosten 24,— DM. 250 g kosten ...
f   1 Ei kostet 30 Pfennig. 12 Eier kosten ...

16
Elemente

DIE NOMENGRUPPE

	SINGULAR			PLURAL
	maskulin	feminin	neutrum	
NOMINATIV	de**r** Tee schwarze**r** Tee	die Milch süße Milch	da**s** Wasser kalte**s** Wasser	die Trauben frische Trauben

Beispiele :

kein Signal

Der Tee ist schwarz.

Die Milch ist süß.

Das Wasser ist kalt.

Die Trauben sind frisch.

Adjektiv rechts vom Nomen

Signal

schwarze**r** Tee   [r] ⎫

süße Milch   [Ø] ⎬ *Singular*

kalte**s** Wasser   [s] ⎭

frische Trauben   [Ø] *Plural*

Adjektiv links vom Nomen

17
Analyse

Ist das Nomen
maskulin/feminin/neutrum?

a   Das ist bayerisches Bier.   *neutrum*

b   Nehmen Sie eine türkische Zigarette?   _____

c   Chianti, ein guter italienischer Rotwein.   _____

d   Dänischer Käse ist der beste.   _____

e   Das ist ein schlechter Kaffee!   _____

f   Ich möchte eine neue Zeitung, bitte.   _____

g   Ein guter, frischer Salat.   _____

h   Haben Sie deutsches Bier?   _____

i   Ich nehme 2 l frische Milch.   _____

k   So eine schlechte Zeitung!   _____

18
Studie

| indisch | kalt | spanisch | heiß | frisch | süß |
| billig | gut | brasilianisch | schwarz | französisch | deutsch |

deutsche Äpfel   _____ Tee

_____ Bier   _____ Kartoffeln

_____ Tomaten   _____ Rotwein

_____ Weißwein   _____ Kaffee

19
Das Geld

	Ich schreibe:	Ich sage:
Deutschland	**10,20 DM** **−,20 DM**	**zehn Mark zwanzig** **zwanzig Pfennig**
Österreich	**71,18 ÖS** **−,18 ÖS**	**einundsiebzig Schilling achtzehn** **achtzehn Groschen**
Schweiz	**8,52 SF** **−,52 SF**	**acht Franken zweiundfünfzig** **zweiundfünfzig Rappen**

20 👓
Szene

Christine: Was _____ die Postkarte hier?

Verkäufer: −,40 DM.

Christine: Und die hier?

Verkäufer: −,60 DM.

Christine: Das ist aber teuer!

Uri: Haben Sie eine Landkarte von _____ ?

Verkäufer: Hier, sie _____ 4,20 DM.

Christine: Das ist ein toller Sonnenhut!

Uri: _____ der Hut?

Verkäufer: 47, − DM.

Uri: Teuer, teuer!

Christine: Wir _____ die Landkarte, den

             Sonnenhut und zwei Postkarten.

             Nehmen Sie Schilling?

Verkäufer: _____, wir nehmen nur DM.

             Zusammen 52,20 DM.

21
Textarbeit

Welche Sätze
sind richtig?

a   Christine kauft einen Sonnenhut.
b   Die Szene spielt in Österreich.
c   Uri möchte eine Landkarte.
d   Die Szene spielt im Sommer.

22
Das richtige
Wort

Bauen Sie Wörter

Butter Wein Kartoffel Schokolade
Rum Wurst Bier Cognac
Tomaten Trauben Zitronen
Apfel Käse Schinken
Champagner Orangen Schnaps

-flasche
-salat
-glas
-saft
-brot
-torte

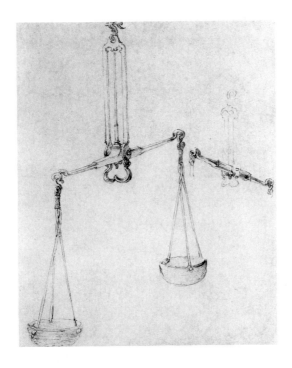

23
Diktat

Rechnung

	DM		DM
___300___ g Schinken	6,60	_____ kg Kartoffeln	_____
_____ g Leberwurst	_____	_____ Eier	_____
_____ g Emmentaler	_____	_____ Pfund Tomaten	_____
_____ g Butter	_____	_____ Pfund Trauben	_____
_____ Brötchen	_____	_____ Pfund Äpfel	_____
_____ kg Reis	_____	_____ g Honig	_____

24
Hören und
verstehen

Dialog 1: Wieviel Geld bekommt der Mann zurück?

Dialog 2: Was kostet ein Kilo?

Dialog 3: Wie viele Kinder hat die Frau?

Das Bild stammt von Albrecht Dürer (Skizze, vor 1514).

Weitere Materialien zur Auswahl

NÜRNBERG · ST. LORENZKIRCHE
Der Englische Gruß, 1518
von Veit Stoss (1445-1533)
Rückseite eines Rosenkranzmedaillon: Der Mond

Lieber Christian,
aus dem Urlaub
senden wir Dir
herzliche Grüße
Deine Katharina
und Jürgen

PRAUN-KUNSTVERLAG – 8000 MÜNCHEN 21

Herrn
Christian Bachmann
Lerchenweg 7

8440 Straubing

543

MIT LUFTPOST
PAR AVION

Herrn Dr. Michael Kern
Frauentorgasse 12

A
1010   Wien

Eilzustellung Exprès

Frau
Alexandra Wolff
Lausnitzerstr. 10
1000 Berlin

25 ◎◎
Kleiner Dialog

Kunde:	Was kostet der Brief nach Argentinien?
Beamter:	1,20 DM kostet der Brief und 60 Pfennig die Luftpost. Zusammen 1,80 DM.
Kunde:	Hier sind 5,— DM.
Beamter:	Sie bekommen 3,20 DM zurück.

26
Variation

Yasuko: Bitte, _____ die Karte nach Japan?

Postbeamter: 70 Pfennig, und 30 Pfennig Luftpost. Das sind zusammen

_____ .

Yasuko: Hier habe ich 20,— DM.

Postbeamter: Sie _____ .

27
Ihre Rolle, bitte   Führen Sie Postgespräche!

28

Kombination   *Beispiel:* Äpfel kaufe ich auf dem Markt.

Benutzen Sie
das Wörterbuch

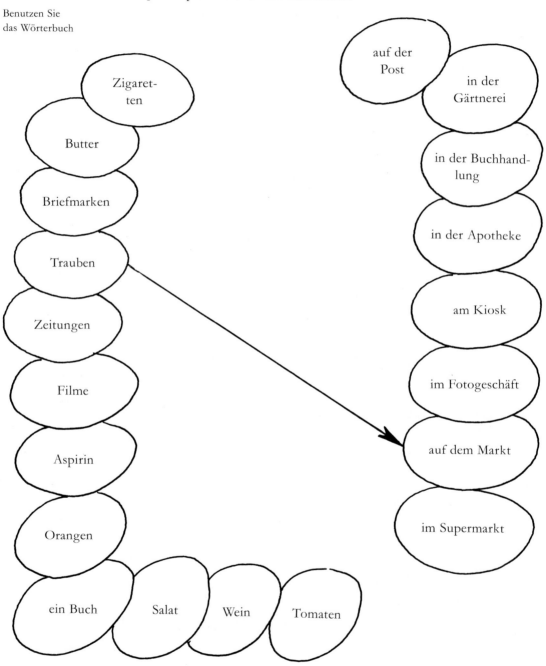

29

Etwas
Mathematik

a   1 Flasche Rotwein kostet 4,80 DM. 2 Flaschen kosten _____ DM.

b   1 Tasse Kaffee kostet 12, − ÖS. 2 Tassen Kaffee kosten _____ ÖS.

c   12 Eier kosten 3,60 DM. 1 Ei kostet _____ DM.

d   1 kg Äpfel kostet 1,60 SF. 2 kg kosten _____ SF.

e   1 Tafel Schokolade kostet 1,60 SF. Wieviel SF kosten 2 Tafeln?

f   5 Pralinen kosten 2,40 DM. 10 Pralinen kosten _____ DM.

g   500 g Tomaten kosten 1,10 DM. Wieviel kostet 1 kg?

h   1 Kännchen Kaffee kostet 3,80 DM. 2 Kännchen kosten _____ DM.

30

Kontrolle

Auf dem Markt:

Frage: Antwort:

a   Was kosten die Tomaten?   Ein Kilo _____ 3, − DM.

b   Das ist aber _____ !   Ja, im Winter gibt es keine billigen Tomaten.

c   Bitte 10 Eier. Haben Sie auch Käse?   Nein. Käse _____ Sie im Supermarkt.

d   Gut. Nehmen Sie Franken?   Nein, ich _____ nur Mark. 3,20 DM bitte.

e   Hier sind 20, − DM.   Sie _____ 16,80 DM _____ .

Im Café:

f   Guten Tag. Ist der Platz_____?   Ja. Bitte nehmen Sie Platz. Was möchten Sie trinken?

g   _____ .   Mit Zitrone?

h   Nein, mit Milch. Und eine

    _____torte, bitte.   Sofort.   8 Lösungen

Kapitel 3

Kernprogramm

1
Werkstatt

in kleinen Gruppen

Autokennzeichen

(F) Frankreich
(SF) Finnland
(N) Norwegen
(NL) Niederlande

Sammeln Sie die Autokennzeichen und schreiben Sie eine Liste.

Diese Buchstaben gelten auch für die Post: F 67000 Strasbourg
A 5020 Salzburg.

2
Elemente

DAS ALPHABET

a ä b c d e f g h i j k l m n o ö p q r

A Ä B C D E F G H I J K L M N O Ö P Q R

s   t u ü v w x y z

S SS T U Ü V W X Y Z

3
Studie

Ä ist ein Umlaut. Wie heißen die Umlaute?
A und U sind Vokale. Wie heißen die Vokale?
D und J sind Konsonanten. Wie heißen die Konsonanten?

38

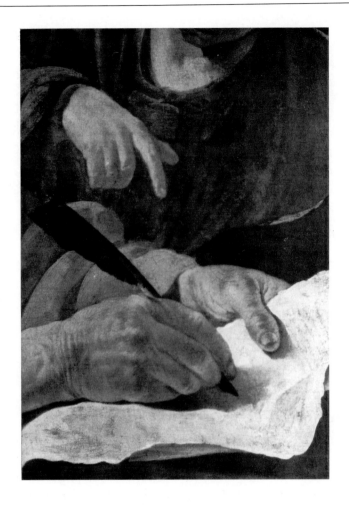

4

Bitte
sprechen Sie

im Plenum – dann
in kleinen Gruppen

Buchstabieren Sie

Ihren Namen   Ihre Straße   Ihren Wohnort   Ihren Beruf
Ihren Geburtsort   Ihr Heimatland   Ihre Muttersprache

5

Bitte
sprechen Sie

Sprechen Sie und finden Sie die Bedeutung:

GB   D   N   VW   CDU   cm   PL   NY   IC   ÖS   km
CSFR   etc.   SPD   BMW   k.o.   kg   SU   SPÖ   usw.

Das Bild stammt von Hendrik van Terbrugghen (Evangelist Matthäus. 1621. Stadhuis Deventer).

39

1

2

3

4

5

6

7

8

6 ⊙⊙
Bildgeschichte C   *BERUFE*

1 Das ist Dr. Lenz.
2 Er ist Kinderarzt.
3 Das ist Penny.
4 Sie ist Schülerin und lernt Deutsch.
5 Das ist Herr Schiller.
6 Er ist Architekt.
7 Das ist Frau Maier. Und was ist sie von Beruf? Bitte?
8 Sie ist Akrobatin im Zirkus.

7
Studie

A: Was _____ Sie von Beruf?

B: Ich _____ Hals-Nasen-Ohrenarzt.

A: Oh, interessant! Und Ihre Frau _____ auch Hals-Nasen-Ohrenärztin?

B: Nein, die studiert noch.

A: Medizin?

B: Ja, aber sie möchte Psychologin werden. _____ Sie auch verheiratet?

A: Nein, _____ noch ledig.

B: Wir wohnen in Mainz, und Sie?

A: Ich _____ hier in Frankfurt.

B: Sie _____ 24, stimmt's?

A: Ja, stimmt genau! Und Sie? Wie _____?

B: Ich _____ 33, und meine Frau _____ 28. _____ studieren Sie?

A: Ich _____ Politik, Französisch, Italienisch.

B: Möchten _____ Politiker werden?

A: Nein, Journalist.

B: Sie sind Schweizer, stimmt's?

A: Richtig!

B: _____ Sie aus Zürich?

A: Nein, ich _____ kein Züricher. Ich _____ aus St. Gallen.

> **RICHARD VON WEIZSÄCKER, Bundespräsident,** ist zum zweitenmal Großvater geworden. Viktoria-Gabriele, das zweite Kind seines 33jährigen Sohnes Robert und dessen Frau Gabriele, wog bei der Geburt 3 400 Gramm und maß 55 Zentimeter.

- Wie alt ist Viktoria-Gabriele?
- Wie groß ist Viktoria-Gabriele?
- Wo lebt Richard von Weizsäcker?
- Wie viele Kinder hat Robert von Weizsäcker?

8

Unterhaltung

Schüler – Schüler

Bitte, was sind Sie von Beruf?

Was tun Sie jetzt?

Wo arbeiten Sie?

Was studieren Sie?

Wo wohnen Sie?

Haben Sie Telefon? Wie ist Ihre Telefonnummer?

Sind sie verheiratet?

Verzeihung, wie alt sind Sie?

9

Kombination

Ich wohne
Ich arbeite
Ich studiere

bei Frau Marx.
bei Siemens.
in Zürich.
Chemie.
bei Familie Kropfmüller.
bei BMW.
Schillerstraße 14.
an der Universität Göttingen.
in England.
Theologie.

10
Kombination

| Er Ich Wir | studiere arbeitet studiert studieren arbeite | bei der Lufthansa. in Bonn. bei Mercedes. Medizin. an der Universität Basel. in Schweden. bei VW. Psychologie. an der Münchener Akademie. in Paris. |

11 ⊙⊙
Bitte
sprechen Sie

Herr Hein ist Chemiker.

→ Bitte, was ist er von Beruf?

Er wohnt in Hamburg.

→ Bitte, wo wohnt er?

Frau Käs ist Putzfrau.
Sie wohnt in Salzburg.
Herr Korn wohnt in Köln.
Er ist Ingenieur.
Er arbeitet in Düsseldorf.
Fräulein Meier ist Lehrerin.
Sie wohnt in Stockholm.

Ich bin Architekt.
Ich arbeite in Mainz.
Ich wohne in Frankfurt.
Maria ist Studentin.
Sie studiert in Wien.

12 ⊙⊙
Bitte
sprechen Sie

Peter studiert Medizin.

→ Und was studierst du?

Er wohnt in Hannover.

→ Und wo wohnst du?

Die Dame ist 40.
Sie arbeitet in Erlangen.
Hans studiert in München.
Er studiert Theologie.
Er wohnt in Augsburg.
Er ist 24.

Die Leute wohnen in Belgien.
Sie sind Deutsche.
Er arbeitet in Brüssel.
Er ist 45.
Er ist Diplomat.

13

Suchen
und finden

a   Anne _ist_ Studentin.

<table>
<tr><td>☐</td><td>ist</td></tr>
<tr><td>☐</td><td>sind</td></tr>
<tr><td>☐</td><td>sein</td></tr>
<tr><td>☐</td><td>bin</td></tr>
</table>

b   _____ lebt in Cambridge.

<table>
<tr><td>☐</td><td>Sie</td></tr>
<tr><td>☐</td><td>Du</td></tr>
<tr><td>☐</td><td>Ich</td></tr>
<tr><td>☐</td><td>Wir</td></tr>
</table>

c   Was _____ sie denn?

<table>
<tr><td>☐</td><td>studiere</td></tr>
<tr><td>☐</td><td>studiert</td></tr>
<tr><td>☐</td><td>studierst</td></tr>
<tr><td>☐</td><td>studierten</td></tr>
</table>

d   _____ studiert Psychologie.

<table>
<tr><td>☐</td><td>Ich</td></tr>
<tr><td>☐</td><td>Wir</td></tr>
<tr><td>☐</td><td>Du</td></tr>
<tr><td>☐</td><td>Sie</td></tr>
</table>

e   _____ ist Sportlehrerin.

<table>
<tr><td>☐</td><td>Herr Walter</td></tr>
<tr><td>☐</td><td>Frau Rein</td></tr>
<tr><td>☐</td><td>Ich</td></tr>
<tr><td>☐</td><td>Wir</td></tr>
</table>

f _____ ist 29 Jahre alt.

> ☐ Das Kind
> ☐ Sie
> ☐ Wir
> ☐ Ihr

g Sie wohnen nicht hier?

  – Doch, _____ leben auch hier.

> ☐ wir
> ☐ er
> ☐ ich
> ☐ du

h Was tun Sie? Sind Sie Ingenieur?

  – _____ , ich bin Zahnarzt.

> ☐ Ja
> ☐ Nein
> ☐ Nicht
> ☐ Doch

i Und was tun _____ ?

> ☐ Sie
> ☐ er
> ☐ du
> ☐ Frau Berg

k Ich _____ Reporter.

> ☐ sein
> ☐ ist
> ☐ haben
> ☐ bin

14
Schüttelkasten

Bauen Sie Sätze

studiere   Herr Macke   Bologna   Frau Schiller

ich

an der Universität

Philosophie

Chemie   Medizin   Oxford   studiert

15
Lesetext

1

2

Welches Bild paßt?

Bild
Nummer

☐ Güley studiert Pharmazie. Sie ist 25 Jahre alt. Sie ist jetzt in Freiburg und lernt Deutsch.

☐ Auch Mr. Charlie hat einen wichtigen Beruf. Er arbeitet als Mäusefänger. Mr. Charlie ist drei.

☐ Paul Brummer ist ein alter Rentner und bekommt im Monat 558,– DM. Er ist 76. Herr Brummer lebt in Berlin.

☐ Katharina trampt gerade durch Europa. Sie ist neunzehn. Sie ist noch Schülerin im Gymnasium.

5 Uta von Reitzenstein ist eine junge Buchhändlerin. Sie arbeitet in der Universitätsbuchhandlung in Bremen. Sie ist 24 Jahre alt.

3

4

5

6　　　7

8

☐　Mona ist zwanzig. Sie kommt aus Nigeria und spricht fließend Deutsch.
　　Sie macht jetzt in München das Abitur und studiert dann Medizin.

☐　Resi Mitterwalder ist 68. Sie ist Bäuerin und wohnt in Oberammergau.

☐　Andreas Arndt ist Musikstudent. Er studiert in Salzburg und ist 24.

☐　Claudia ist elf. Natürlich ist sie Schülerin. Claudia lebt in Bozen.

☐　Dr. Jago lebt in Köln. Er ist Theaterdirektor. Er ist sechzig.

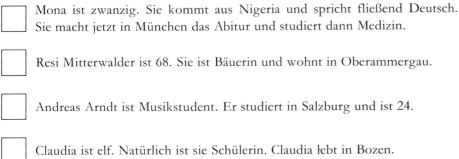

9

a　Wie viele Leute sind Ausländer? Welche?

b　Wer verdient wahrscheinlich viel Geld? wenig Geld? kein Geld?

c　Wer ist
　　– auf einer Hochschule*?
　　– auf einer Schule?

d　Wer arbeitet
　　– in einem Laden?
　　– in einer Fabrik?
　　– im Theater?
　　– in einer Bank?
　　– zu Hause?

* Hochschulen: Universitäten, Akademien, Konservatorien ...

10

47

16
Elemente

PRÄSENS

		SINGULAR	PLURAL
1		**ich bin gesund**	**wir sind gesund**
2	formell	**Sie sind gesund**	**Sie sind gesund**
	familiär	**du bist gesund**	**ihr seid gesund**
3	maskulin	**er**	
	feminin	**sie } ist gesund**	**} sie sind gesund**
	neutrum	**es**	

Infinitiv: **sein**

		SINGULAR	PLURAL
1		**ich arbeite**	**wir arbeiten**
2	formell	**Sie arbeiten**	**Sie arbeiten**
	familiär	**du arbeitest**	**ihr arbeitet**
3	maskulin	**er**	
	feminin	**sie } arbeitet**	**} sie arbeiten**
	neutrum	**es**	

Infinitiv: **arbeiten**

		SINGULAR	PLURAL
1		**ich studiere**	**wir studieren**
2	formell	**Sie studieren**	**Sie studieren**
	familiär	**du studierst**	**ihr studiert**
3	maskulin	**er**	
	feminin	**sie } studiert**	**} sie studieren**
	neutrum	**es**	

Infinitiv: **studieren**

17
Studie

Finden Sie
die Frage

Interview

a ○ <u>Wie heißen Sie, bitte</u> ?
   ● Werner Quandt.

b ○ _____ ?
   ● Q - u - a - n - d - t .

c ○ _____ ?
   ● In Dortmund, Kochstraße 22.

d ○ _____ ?
   ● Nein, verheiratet.

e ○ _____ ?
   ● Drei Kinder. Ein Junge und zwei Mädchen.

f ○ _____ ?
   ● Der Junge ist 16, und die Mädchen sind 13 und 12.

g ○ _____ ?
   ● 44.

h ○ _____ ?
   ● Elektroingenieur.

i ○ _____ ?
   ● Schachspielen, Lesen.

k ○ _____ ?
   ● Ja, aber nur Pfeife.

l ○ _____ ?
   ● Bettina ist 38 Jahre alt.

m ○ _____ ?
   ● Sie ist Laborantin.

n ○ _____ ?
   ● Die Nummer ist 688 488.

?

?

?

18

Studie

Finden Sie
die Frage

a ○ _____?

● Petra Pfisterer.

b ○ _____?

● P - f - i - s - t - e- r- e- r .

c ○ _____?

● Petra.

d ○ _____?

● In Jena.

e ○ _____?

● Sonnenstraße 28.

f ○ _____?

● 412 301.

g ○ _____?

● Ja, ich bin ledig.

h ○ _____?

● Dozentin.

19

Kombination

	wohnst	
	kommt	Sie?
Was	studiert	Ihr Freund?
Woher	studierst	ihr?
Wo	wohnt	Albert?
	leben	du?
	kommen	

20
Lesetext

Benutzen Sie das Wörterbuch

Liebe Magdalena,

ach, jetzt bist du 600 km weit weg! Wie geht es Dir, Magdalena? Hast Du ein gutes Zimmer? Wie ist die Uni? Gibt es tolle Discos? Gibt es nette Studentinnen und vor allem: interessante Studenten in Heidelberg?

Ich arbeite schon eine ganze Woche in der Hamburger Universitätsklinik. Ich habe gute Kollegen, mein Chef ist ein ausgezeichneter Fachmann. Ich bin zufrieden. Tschüs, Magdalena, es ist schon spät, ich gehe jetzt ins Kino. Leider allein!

Herzlich Dein Caspar

21
Textarbeit

Benutzen Sie
das Wörterbuch

Wo steht das?

		Zeile
1	Caspar arbeitet im Krankenhaus.	6/7
2	Magdalena hat ein Zimmer in Heidelberg.	
3	Die Ärzte in der Hamburger Klinik sind nett.	
4	Caspars Chef ist ein sehr guter Spezialist.	

22

Textarbeit

Benutzen Sie
das Wörterbuch

1 Der Brief geht von _____ nach _____ .
                                       (Stadt)   (Stadt)

2 Caspar ist ein junger _____ .
                                     (Beruf)

3 Magdalena _____ und _____ in Heidelberg.

4 Caspar schreibt den Brief am _____ .
                                         (Morgen? Mittag? Abend?)

23

Variation

Liebe Eltern!

Jetzt _____ ihr über 1000 km weit weg! Ich _____ nun

schon eine ganze Woche hier im Flughafen Düsseldorf. Es geht mir prima,

der Kurs _____ interessant, die Chefin _____ ausgezeichnet, die Kollegin-

5 nen _____ sympathische Mädchen. Es ist sehr warm hier, 20° Celsius,

ich _____ heute sehr müde und _____ jetzt gleich ins Bett. Wie geht

es in Graz? Habt _____ auch schon Frühling?

                                        Viele Grüße

                                            Barbara.

10 P.S. Bitte, bitte, ich brauche wieder Geld!!

24

Textarbeit

1 Barbara schreibt den Brief im _____ .
                                            Winter? Frühling? Sommer?

2 Der Brief geht von _____ nach _____ .

3 Barbara möchte wahrscheinlich _____ werden.

4 Warum braucht Barbara Geld?

25
Variation

Dies ist ein Kinderbrief.   Hier fehlen
  , Kommas
  . Punkte
  ? Fragezeichen.
Bitte ergänzen Sie Kommas, Punkte und Fragezeichen:

Liebe Mama
jetzt bin ich hier in Paris bei Tante Edith
Wie geht es Dir Ich lerne Französisch aber
sehr langsam Tante Edith ist sehr dumm
Das Essen ist ganz anders Aber Paris ist
schön Morgen gehen wir ins Theater Hier
regnet es immer regnet es in Deutsch=
land auch immer Wie geht es Papa
und Mimi Viele Grüße

Dein Lars

26
Elemente

DIE NOMENGRUPPE

● Studieren Sie die Signale (= die Konsonanten am Wortende)

	SINGULAR			PLURAL
	maskulin	feminin	neutrum	
NOMINATIV	de**r** Film neue**r** Film de**r** neue Film ein neue**r** Film	die Stadt schöne Stadt die schöne Stadt eine schöne Stadt	da**s** Buch gute**s** Buch da**s** gute Buch ein gute**s** Buch	die Studenten interessante Studenten die interessanten Studenten

27 ∞

Bitte
sprechen Sie

Das ist ein schönes Zimmer.
→ Ein sehr schönes Zimmer!

Das ist ein schöner Brief.
Das ist ein schöner Film.
Das ist eine schöne Nacht.   Das ist ein schönes Buch.
Das ist ein schönes Café.   Das ist ein schöner Morgen.
Das ist ein schöner Beruf.   Das ist ein schönes Kind.
                                   Das ist eine schöne Stadt.

28 ∞

Bitte
sprechen Sie

Ist das Buch gut?
→ Ja, wirklich ein gutes Buch.

Ist der Film gut?   Ist die Schule gut?
Ist das Zimmer gut?   Ist der Kurs gut?
Ist die Uni gut?   Ist das Café gut?
Ist der Chef gut?   Ist die Zeitung gut?

29 ∞

Bitte
sprechen Sie

Was ist das? Das Kino?
→ Ja, das neue Kino.

Was ist das? Die Post?
Wer ist das? Der Chef?   Wer ist das? Der Professor?
Was ist das? Die Bank?   Was ist das? Das Theater?
Was ist das? Der Supermarkt?   Was ist das? Die Klinik?
Was ist das? Die Uni?   Wer ist das? Die Ärztin?

30 ∞

Bitte
sprechen Sie

Der Film ist gut.
→ Nein, nein, das ist ein schlechter Film!

Die Schule ist gut.
Das Café ist gut.   Das Kino ist gut.
Die Disco ist gut.   Die Limonade ist gut.
Die Zeitung ist gut.   Der Wein ist gut.
Der Laden ist gut.   Das Restaurant ist gut.

31 ⊙⊙
Kleiner Dialog

Kundin:	Haben Sie Cassettenrecorder?
Verkäufer:	Nein, die bekommen Sie im Elektrogeschäft.
Kundin:	Was kostet die Schreibmaschine hier?
Verkäufer:	128,– DM.
Kundin:	Das ist eine neue Maschine, oder?
Verkäufer:	Nein, die Maschine ist gebraucht. Aber es ist eine sehr gute Maschine. Die Maschine ist wirklich o.k.
Kundin:	Ich nehme die Maschine.

32
Variation

Kunde:	Was kostet das Wörterbuch?
Verkäuferin:	Das _____ Wörterbuch? 23,80 DM.
Kunde:	Und das _____ ?
Verkäuferin:	Das _____ Wörterbuch kostet 8,80 DM.
Kunde:	Gut, ich nehme _____ .
Verkäuferin:	Bitte zahlen Sie an der Kasse.

33
Variation

Kunde:	_____ der Krimi?
Verkäuferin:	Der englische? 92,– ÖS.
Kunde:	Und _____ ?
Verkäuferin:	72,– ÖS.
Kunde:	Ich nehme beide.
Verkäuferin:	_____ 164,– ÖS.

34
Kombination

Bauen Sie Sätze
mit *der/die/das*

Flughafen	Adresse	Café
Ober	Bank	Kino
Sportlehrer	Chefin	Krankenhaus
Wohnort	Disco	Sprachinstitut
Zirkus	Zeitung	

Beispiel: Das ist die neue Zeitung.

35
Kombination

Bauen Sie Sätze
mit *ein/eine/ein*

billig / dumm / schnell / voll:

Bauch	Bedienung	Auto
Bus	Disco	Buch
Ober	Flasche	Glas
Professor	Stewardess	Zimmer
Tisch	Tasse	
Verkäufer	Zeitung	

Beispiel: Das ist ein dummer Professor!

36 ⚆⚆
Hören und verstehen

Was sind die Leute von Beruf?

1 Sie ist _____ .

2 Sie ist _____ .

3 Er ist _____ .

4 Er ist _____ .

5 Sie ist _____ .

6 Sie sind _____ .

Weitere Materialien zur Auswahl

37
Das richtige
Wort

Benutzen Sie
das Wörterbuch

Frauen:	Männer:
die Mutter	*der Vater*
_____	der Bruder
_____	der Freund
die Kollegin	_____
die Studentin	_____
die Kundin	_____
_____	der Lehrer
_____	der Schüler
die Dame	_____
die Ärztin	_____
die Schauspielerin	_____
_____	der Verkäufer

38
Studie

Ergänzen Sie das Wort studieren:

Ich _____ in Göttingen, wo _____ Sie?

– In Marburg. Was _____ Sie?

Atomphysik.

– Ah, mein Bruder _____ auch Atomphysik.

Wo?

– Er _____ in München, im Max-Planck-Institut.

Ergänzen Sie das Wort arbeiten:

d   Peer und Gunhild _____

bei Siemens.

                                    Wo?

e   In Erlangen.
                        _____ du auch bei

                                    Siemens?

f   Ich _____ frei-

beruflich.
                                    Oh! Was machst du?

g   Ich bin Journalist und

    _____ für die

Augsburger Allgemeine.
                                    Du siehst müde aus.

h   Ja, ich _____

vor allem nachts.

39
Das richtige
Wort

Welches Wort paßt nicht in die Zeile?
(1) Biologie Psychologie Physik Aspirin Mathematik Chemie
(2) Gymnasium Akademie Universität Schule Zirkus Sprachinstitut
(3) Pilot Architektin Musikerin Kaufmann Ingenieur Italiener Dozent

40
Kontrolle

a   Nele _____ 19 Jahre alt. _____ ist eine _____ Schwimmerin
    und schwimmt 1200 km im Jahr.   (ausgezeichnet)

b   Knut _____ zehn. _____ ist ein _____ Schüler und spricht schon
    80 Wörter Englisch.   (gut)

c   Herr Ball _____ 32. _____ Journalist und _____ für die
    Neue Ruhrzeitung.

d   Belinda _____ 17. _____ ist eine _____ Verkäuferin und
                                              (jung)
    _____ im Salamander-Schuhgeschäft. _____ wohnt in Bochum.

e   Frau Curtius ist eine _____ Klavierlehrerin. _____ ist
                          (alt)
    62 Jahre alt und gibt täglich 5 Stunden Klavierunterricht.

f   Valentin Vogel ist ein _____ Tierarzt. _____ in Melk
                           (bekannt)
    an der Donau und hat viele hundert Patienten.

20 Lösungen

59

Kapitel 4

Kernprogramm

1
Unterhaltung

Woher kommen diese Leute?

Herr L   fährt mit dem Fahrrad und kocht Reis.
Frau D   trinkt Tee mit Milch und spricht eine Weltsprache.
Frau R   hat einen Punkt auf der Stirn.
Herr F   spielt Gitarre und singt.
Herr M   ißt Kartoffeln und Sauerkraut.
Herr Y   reist mit drei Fotoapparaten.
Herr S   trägt einen riesigen Hut.

2
Suchen
und finden

Kennen Sie die / das alte / sonnige / schöne / teure / kalte / reiche

Schweiz
England
Polen
Belgien
Deutschland
Schweden
Amerika
Japan
Spanien
Volksrepublik China

3
Studie

Benutzen Sie das Wörterbuch

Afrika	afrikanisch	der Afrikaner	die Afrikanerin
Amerika	_____	_____	_____
Europa	europäisch	_____	_____
England	englisch	der Engländer	_____
		der Italiener	_____
		der Japaner	_____
China	chinesisch	der Chinese	die Chinesin
_____	_____	der Franzose	die Französin
_____	_____	der Grieche	_____
_____	_____	der Russe	_____
Schweden	_____	_____	
_____	_____	der Türke	_____
Spanien	_____	_____	_____
Ungarn	_____	_____	_____

4
Suchen
und finden

Besuchen Sie die
das

heiße
historische
gastfreundliche
gesunde
bekannte
wunderschöne

Korea
Frankreich
Afrika
Portugal
Italien
Türkei
Österreich
Thailand
Mexiko
Griechenland

5 👓
Szene

Herr Hammer:	Herr Nagel, Sie fahren ein japanisches Auto?
Herr Nagel:	Ich fahre nur japanische Autos.
Herr Hammer:	Sie sind kein guter Deutscher.
Herr Nagel:	Vielleicht. Meine Frau –
Herr Hammer:	Ihre Frau ist Japanerin?
Herr Nagel:	Nein, Griechin.
Herr Hammer:	Sie haben eine griechische Frau? Und am Abend lesen Sie zusammen griechische Philosophen?
Herr Nagel:	Nein, ich lese englische Krimis. Aber Entschuldigung, Herr Hammer, was essen Sie denn da?
Herr Hammer:	Spaghetti.
Herr Nagel:	Italienische Spaghetti?
Herr Hammer:	Ja. Lieben Sie die Griechen, Herr Nagel?
Herr Nagel:	Ja, vor allem meine Frau.

6
Textarbeit

a Herr Nagel ist

- ☐ Grieche
- ☐ Deutscher
- ☐ Japaner

b Herr Hammer ist

- ☐ Grieche
- ☐ Deutscher
- ☐ Italiener

c Frau Nagel ist

- ☐ Griechin
- ☐ Japanerin
- ☐ Italienerin

d Die Szene spielt

- ☐ im Büro
- ☐ im Restaurant
- ☐ im Bus

7
Suchen
und finden

Sprache:

aus aller Welt

Land:

englisch

EINE DER GROSSEN ZEITUNGEN DER WELT
ONE OF THE WORLD'S GREAT NEWSPAPERS
L'UN DES GRANDS JOURNAUX DU MONDE
UNO DE LOS GRANDES DIARIOS
DE LA PRENSA MUNDIAL
UNO DEI GRANDI GIORNALI DEL MONDO *Italien*
EEN VAN DE BELANGRIJKE KRANTEN VAN DE WERELD
UM DOS MAIORES JORNAIS DO MUNDO
EN AV VERDENS STORE AVISER
EN AVIS AF VERDENSFORMAT
EN AV VÄRLDENS LEDANDE TIDNINGAR
JEDAN OD NAJVECIH LISTOVA NA SVIJETU
YKSI MAAILMAN SUURISTA LEHDISTÄ
EEN VAN DI WÊRELD SE GROOTSE KOERANTE
DÜNYANIN EN BÜYÜK GAZETELERİNDEN BİRİSİ
ससार का सर्वोत्कृष्ट समाचार-पत्र
ΜΙΑ ΕΚ ΤΩΝ ΜΕΓΑΛΩΝ
ΕΦΗΜΕΡΙΔΩΝ ΤΟΥ ΚΟΣΜΟΥ

世界の大新聞の一つ

واحدة من أكبر جرائد العالم

אחד מגדולי העיתונים בעולם

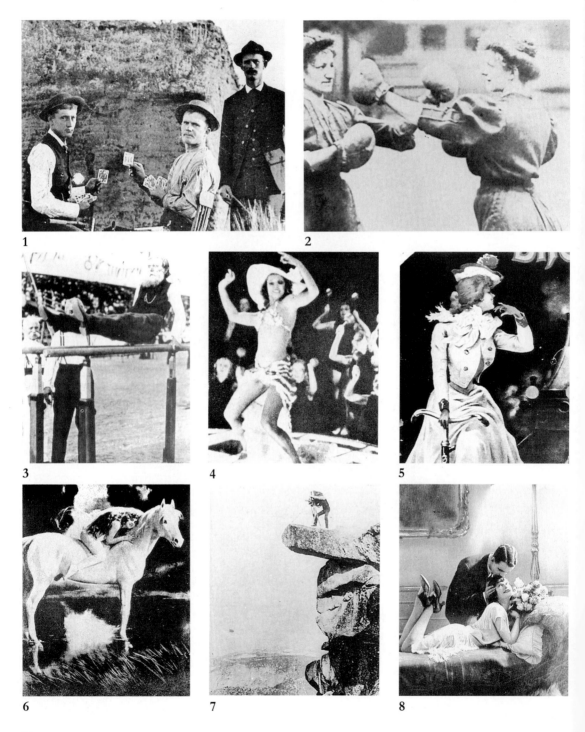

1

2

3

4

5

6

7

8

Materialien zur Auswahl

8 👓
Bild-
geschichte D

FREIZEIT

1 Was tun Sie heute abend? Spielen Sie Karten?
2 Boxen Sie?
3 Turnen Sie gern?
4 Tanzen Sie?
5 Oder fahren Sie gern Rad?
6 Bitte, meine Damen und Herren, was macht Ihnen Spaß?
   Pferde?
7 Die Berge?
8 Oder vielleicht die Liebe?

9
Kleine
Unterhaltung

Was tun die Leute auf den Bildern?
Sie boxen, turnen, spielen Karten ...

10
Suchen
und finden

Fahren Sie Ski?
   → Ja, ich fahre gern Ski.
Spielen Sie Fußball?
   → Nein, ich spiele nie Fußball.

Tanzen Sie?
Reiten Sie?
Spielen Sie Tennis?
Trinken Sie Cognac?
Spielen Sie Karten?
Boxen Sie?
Fahren Sie Rad?
Essen Sie Spaghetti?
Lesen Sie Krimis?
Fotografieren Sie?
Spielen Sie Tischtennis?
Fahren Sie Motorrad?
Essen Sie Eis?

11

Unterhaltung

Schüler-Schüler

Sport:	Ich spiele gern Fußball, und Sie?
Bücher:	Ich lese gern Hermann Hesse, und Sie?
Spiel:	Ich spiele gern Schach, und Sie?
Abend:	Ich gehe gern in die Disco, und Sie?
Essen:	Ich esse gern Pizza, und Sie?
Musik:	Ich höre gern klassische Musik, und Sie?

12 ∞

Bitte
sprechen Sie

Ich gehe schwimmen. Wiedersehn!

→ Moment! Ich gehe auch schwimmen!

Ich gehe ins Kino. Wiedersehn!

Ich gehe spazieren. Wiedersehn!

Ich gehe tanzen. Wiedersehn!

Wir gehen ins Theater. Wiedersehn!

Ich gehe baden. Wiedersehn!

Wir gehen in die Oper. Wiedersehn!

Wir gehen spazieren. Wiedersehn!

Ich gehe essen. Wiedersehn!

Ich gehe ins Kino. Wiedersehn!

13 ∞

Bitte
sprechen Sie

Ich spiele Trompete.
→ Bitte, *was* spielen Sie?

Ich bin neunzehn.
Ich wohne in München.   Wissen Sie, ich studiere Medizin.
Ich studiere Musik.   Ich arbeite in der Poliklinik.
Mein Professor ist Hans Gutbrot.   Ich wohne in Göttingen.
Auf Wiedersehen! Ich gehe in die Uni.   Morgen fahre ich nach Prag.

Kernprogramm (Fortsetzung)

14
Elemente

ja – nein – doch

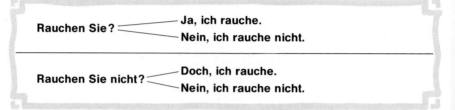

Siehe auch GRUNDGRAMMATIK DEUTSCH Seite 176.

15
Bitte
sprechen Sie

Sie warten nicht?

→ Doch, doch, ich warte.

Sie kommen nicht?　　　Du wartest nicht?
Sie fahren nicht?　　　Ihr kommt nicht?
Sie bleiben nicht?　　　Herr Hammer bleibt nicht?
Sie tanzen nicht?　　　Die Kinder kommen nicht?
Maria kommt nicht?

16
Studie

a　Kommst du nicht mit ins Theater?

　　Doch , natürlich komme ich mit!

b　Bist du fertig?

　　_____ , ich brauche noch eine halbe Stunde.

c　Wo ist denn das Parfüm? Im Bad?

　　_____ , im Bad ist es nicht.

d　Du weißt auch nicht, wo meine schwarzen Schuhe sind?

　　_____ , hier, bitte!

e　Nimmst du den Mantel?

　　_____ , heute ist es so warm.

f   Aber wo sind die Theaterkarten? Hast du sie nicht?

   _____ , natürlich, hier sind sie.

g   Gehen wir nach dem Theater essen, hast du Lust?

   _____ , zum Essen habe ich immer Lust.

h   Und Hans? Kommt er nicht mit?

   _____ , er kommt sicher mit.

i   Bist du jetzt endlich fertig?

   _____ , sofort!

17 ⚆⚆

Bitte
sprechen Sie

Antworten Sie
bitte positiv

Tanzen Sie?
   → Ja, natürlich tanze ich.
Tanzen Sie nicht?
   → Doch, natürlich tanze ich.

Kommen Sie?	Rauchen Sie?
Warten Sie?	Kommen Sie nicht?
Bleiben Sie nicht?	Warten Sie nicht?
Gehen Sie nicht?	Antworten Sie nicht?

18

Elemente

DER HAUPTSATZ

	I	II		
a	**Ich**	**habe**		**Lust.**
b	**Zum Essen**	**habe**	**ich**	**Lust.**
c	**Natürlich**	**habe**	**ich**	**Lust zum Essen.**
d	**Jetzt**	**habe**	**ich**	**Lust.**

Verb
immer Position II

69

19

Schüttelkasten

Ordnen Sie
die Wörter

a	Geld habe ich kein heute
b	Gitarre spielt Florian
c	in die Disco wir gehen morgen
d	möchte ein Käsebrot ich
e	Freundin ist Italienerin meine eine
f	Professor ein dummer ist Herr Klops
g	Hamburg heute nach fahre ich
h	Flasche 26,80 DM Champagner eine kostet

20

Spiel

Spielen Sie ohne Worte:
schwimmen – skifahren – Tischtennis spielen – tanzen – Fußball spielen
– Gitarre spielen – Auto fahren – lesen – Wasserball spielen –
Trompete spielen – reiten – Motorrad fahren – Schach spielen – Tennis
spielen – saubermachen – Klavier spielen ...
Die anderen Schüler raten, was Sie tun.

21 ☍

Kleiner Dialog

Urban:	Hallo, Florian! Arbeitest du heute nicht?
Florian:	Doch, aber nur bis vier. Ich geh' jetzt schwimmen.
Urban:	Wann gehst du?
Florian:	Jetzt gleich! Kommst du mit?
Urban:	Aber klar.

22 ⊙⊙
Variation

Michel: Heiß ist es! Ich _____ heute baden.

Hans: _____ ?

Michel: Um halb drei. Ist das recht?

Hans: Gut, _____ halb drei. Servus, Michel.

Michel: Servus, Hans.

Weitere Materialien zur Auswahl

23
Lesetext

eingeführt als
Lückendiktat
(Diktattext
im Lehrerheft)

Heiß _____! _____ gehen baden. Wo _____ mein Bikini?

Und der _____ ? Wo ist _____ Kamera?

Schnell, schnell! Der Bus kommt!

Wir _____bis zum Stadion, dann _____

wir zu Fuß. Wir warten _____ Minuten, dann kriegen wir

_____ Kabine. Wir bleiben zwei Stunden da. Das kühle _____

ist herrlich.

10 Lösungen

71

1

2

Deutscher Film 1915–1985

Welches Bild paßt?

Der Mensch und der Teufel. Goethes Theaterstück als Film: *Faust,* von Gustaf Gründgens. 1960. Bild _____

Eine lustige, ganz andere Liebesgeschichte: *Männer,* von Doris Dörrie. 1985. Bild _____

Eine Tänzerin wird ermordet: *Die Augen der Mumie Ma.* 1915. Bild _____

Hermann ist Soldat in Rußland. Maria wartet, wartet viele Jahre. Das Warten wird schwer ... *Die Ehe der Maria Braun,* von Rainer Werner Faßbinder. 1979. Bild _____

Dieser Krimi spielt in einer Nacht: *Schatten.* 1923. Bild _____

Politik der Männer und Politik der Frauen. Der Friedenskongreß 1815 in Wien. *Der Kongreß tanzt.* 1931. Bild _____

Ein junger Bauer und Philosoph: Ist er gesund? Ist er krank? *Herz aus Glas,* von Werner Herzog. 1976. Bild _____

a   Welche Bilder finden Sie besonders gut?
b   Welche Filme sind wahrscheinlich schwarz-weiß?
c   Welche Filme sind wahrscheinlich sehr ernst?
d   Welche Filme sind wahrscheinlich lustig?
e   Welchen Film möchten Sie nicht sehen? Warum nicht?

3

5

6

7

24 ⊙⊙
Szene

Frau Dorn:	Oh, Herr Rose!
Herr Rose:	Guten Abend, Frau Dorn! Toller Abend heute!
Frau Dorn:	Toll? Nein.
Herr Rose:	Doch! Toll – mit Ihnen!
Frau Dorn:	Quatsch.
Herr Rose:	Kommen Sie mit ins Kino, Frau Dorn? Ein wunderschöner Film: Goethes *Faust*. Ein klassischer Film.
Frau Dorn:	Klassik? Interessiert mich nicht.
Herr Rose:	Hier: *Die Ehe der Maria Braun*. Ein ausgezeichneter Film. Sehr romantisch.
Frau Dorn:	Liebe? Interessiert mich nicht. Also dann, guten Abend, Herr Rose, und viel Spaß!
Herr Rose:	Moment, hier: *Männer*. Eine Filmkomödie. Sehr lustig.
Frau Dorn:	Hm.
Herr Rose:	Sie kommen nicht?
Frau Dorn:	Doch.

25
Textarbeit

1 Wann spielt die Szene?

☐ am Mittag.
☐ am Abend.
☐ am Morgen.

2 Wie viele Filme gibt es in dem Kino?

☐ zwei.
☐ drei.
☐ vier.

3 Geht Frau Dorn mit ins Kino?

☐ ja.
☐ nein.

26
Unterhaltung

(1) *Herr Rose empfiehlt drei Filme. Charakterisieren Sie diese Filme, zum Beispiel:* ein wunderschöner Film, ein ernster Film ...
Nehmen Sie die Wörter

interessant   schön   sensationell   toll   lustig   klassisch
romantisch   deutsch   bekannt   wunderschön

(2) *Nennen Sie andere Filmtitel. Empfehlen Sie diese Filme, zum Beispiel:*
   ein klassischer Film!
   ein ganz großer Film!
   ein langweiliger Film!
   ein dummer Film!
   ein lustiger Film!
   ein blöder Film!

27
Rätsel

	1		2		3			
4		5			6	7		
	8		9	10			11	
	12							
					13			

Senkrecht:
   1 Zum Frühstück trinke ich ein Glas Orangen _____ .
   3 Tut mir leid, Benno ist heute nicht _____ , er ist heute in Rom.
   5 Eins, zwei, _____ .
   7 Ich _____ gern Romane.
   9 Er studiert _____ der Universität München.
  10 Ich gehe jetzt heim _____ mache mir einen Kaffee.
  11 _____ trinken Sie, bitte?

Waagrecht:
   2 Heute gehen wir ins Schwimm_____ .
   4 Ich fahre gern _____ .
   6 Die Dame ist 78. Sehr _____ .
   8 Da kommen Herr und _____ Schmidt.
  12 Spielen Sie gern _____ ?
  13 Bitte ein Vanille_____ mit Sahne.

28
Das richtige
Wort

Wie heißt das Gegenteil?

hell gut billig schön ledig frisch
intelligent richtig jung warm

29
Ihre Rolle,
bitte

Planen Sie einen Theaterbesuch
einen Konzertbesuch
einen Kinobesuch
einen Zirkusbesuch.
Vielleicht können Sie eine dieser Karten verwenden?

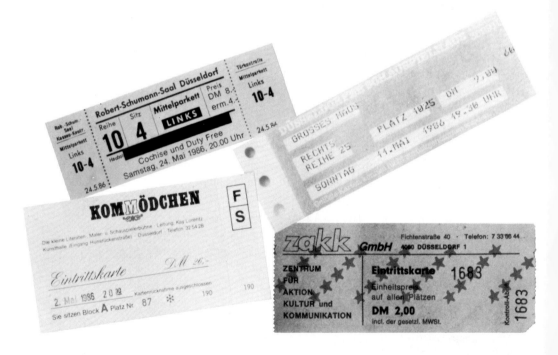

30
Werkstatt

Nehmen Sie eine Zeitung von heute. Planen Sie den Abend mit Ihren
Freunden.

31

Kombination

Bauen Sie aus zwei Wörtern ein Wort

Beispiel: das Eis + der Kaffee → der Eiskaffee

der Fuß	die Marke	der Tabak	die Straße
der Brief	die Flasche	Goethe	das Buch
der Paß	der Ball	das Telefon	der Mantel
die Milch	der Laden	der Winter	die Karte
der Abend	die Zeitung	das Kino	der Laden
der Wein	das Foto	der Käse	der Kuchen

32

Das richtige Wort

Finden Sie die Grundwörter

Beispiel: die Teetasse   ← der Tee + die Tasse

a   der Theaterbesuch   ← _____

b   die Mozartplatte   ← _____

c   das Sportzentrum   ← _____

d   die Filmkamera   ← _____

e   der Jazzkeller   ← _____

f   das Pferderennen   ← _____

g   das Motorrad   ← _____

h   der Taxifahrer   ← _____

i   das Weinglas   ← _____

k   die Tomatensuppe   ← _____

33 ⟨⟩

Hören und verstehen

1   Wer ist Gast?

☐ Peter
☐ die Dame
☐ der Doktor

2   Was hat Peter?

☐ Champagner
☐ Milch
☐ Orangensaft

3   Was trinken sie?

☐ Champagner
☐ Milch
☐ Orangensaft

34
Kontrolle

Frage: Antwort:

a _____ Sie Telefon?   Ja, meine _____ ist 71203.

b Und was sind Sie _____ Beruf?   Ich _____ Zahnarzt.

c _____ wohnen Sie?   Petersenstraße 84.

d _____ wohnen Sie schon da?   Acht Jahre.

e _____ du mit zum Schwimmen?   Zum Schwimmen? Gern. Ich _____
                                                gleich mit.

f _____ Sie nicht Herr Müller?   _____ . Mein Name ist Jupp Müller.

10 Lösungen

1

2

3

4

5

6

7

8

Kapitel 5

Kernprogramm

1 ⊙⊙
Bild-
geschichte E*

MAHLZEIT

1   Guten Appetit!
2   Die Vorspeise: ein Omelett.
3   Sie sehen, Carola findet es gut.
4   Jetzt gibt es einen ausgezeichneten Fisch.
5   Auch Jörg ist zufrieden. Essen ist sein Hobby.
6   Champignonschnitzel mit Reis, dazu gibt es spanischen Rotwein.
7   Und der Salat? Jörg ißt keinen Salat.
8   Aber Angela nimmt ihn. Denn sie will schlank bleiben.

2
Studie

Ergänzen Sie Artikel
oder Pronomen

a   „Den Fisch esse ich nicht, möchtest du _ihn_ ?"

b   „Ich nehme den Salat nicht, vielleicht möchten Sie _____ ?"

c   „Vielleicht möchtest du das Bier, ich trinke _____ nicht."

d   „Ich esse _____ Salat nicht, möchtest du ihn?"

e   „Den Kuchen esse ich nicht, möchten Sie _____ ?"

f   „Ich trinke den Kaffee nicht, vielleicht nehmen Sie _____ ?"

g   „Möchten Sie _____ Eis, ich esse es nicht."

h   „ _____ Kuchen ist gut, aber ich kann nicht mehr. Möchten Sie ihn?"

i   „Die Torte ist wundervoll. Warum ißt du _____ nicht?"

* Zu den Bildern aller Bildgeschichten gibt es Farbdias. Den Lehrern wird dringend
empfohlen, diese Dias wenn irgend möglich auch zu benutzen, viele Gründe sprechen
dafür (siehe Lehrerheft).

81

3
Elemente

PERSONALPRONOMEN:
NOMINATIV UND AKKUSATIV

	SINGULAR			PLURAL
Nominativ	er	sie	es	sie
Akkusativ	ihn	sie	es	sie

4 ᴏᴏ
Bitte
sprechen Sie

A   Ißt du die Torte nicht?
B   Nein.
A   Dann esse ich sie.

A   Ißt du den Salat nicht?
B   Nein.
A   Dann esse ich ihn.

Ißt du den Reis nicht?   Ißt du die Spaghetti nicht?
Ißt du das Steak nicht?   Trinkst du den Cognac nicht?
Ißt du die Pizza nicht?   Ißt du den Salat nicht?
Trinkst du den Wein nicht?   Ißt du das Omelett nicht?
Ißt du den Fisch nicht?   Trinkst du die Milch nicht?

5
Studie

Benutzen Sie
das Wörterbuch

a   Die Milch ist sauer. Ich trinke _____ nicht.

b   Die Brötchen sind hart. Ich esse _____ nicht.

c   Der Tee ist kalt. _____ .

d   Die Zigaretten sind schlecht. _____ .

e   Das Fleisch ist aber schlecht! _____ .

f   Das Bier ist warm. _____ .

g   Die Wurst ist schlecht. _____ .

h   Der Kaffee ist kalt. _____ .

6 ⊙⊙
Bitte
sprechen Sie

Wie schmeckt der Salat?

→ Der Salat? Ich finde ihn gut!

Wie schmeckt das Brot?
Wie schmeckt der Knödel?
Wie schmecken die Spaghetti?
Wie schmeckt der Kuchen?
Wie schmeckt das Fleisch?
Wie schmeckt der Käse?
Wie schmecken die Äpfel?
Wie schmeckt der Reis?
Wie schmeckt der Braten?

7
Suchen und
finden

Die Pizza schmeckt sehr gut.

→ Bringen Sie mir noch eine Pizza!

Das Omelett schmeckt ausgezeichnet.
Der Cognac schmeckt prima.
Das Käsebrot schmeckt gut.
Der Wein schmeckt ausgezeichnet.
Der Apfelkuchen schmeckt toll.
Das Eis schmeckt gut.
Der Kaffee schmeckt sehr gut.
Der Zwetschgenkuchen schmeckt wirklich gut.
Die Schokoladentorte schmeckt prima.

8

Lesetext

Diese drei Speisekarten kommen aus Deutschland, der Schweiz und Österreich. Welche kommt woher?

Aus der Pfanne und vom Grill

Paniertes Schweinekotelette mit Salatplatte . . . .
Schweineschnitzel »Wiener Art« mit pommes frites und Salat 14,--
Rahmschnitzel oder Paprikaschnitzel (180 g) mit Spätzle u. Salat . . 14,--
Zigeunerschnitzel oder Jägerschnitzel (180 g) mit Spätzle u. Salat . 15,--
Wiener Zwiebelrostbraten (180 g) mit Bratkartoffeln und Salat . . . 16,--
Rumpsteak (200 g) mit Kräuterbutter, pommes frites und Salat . . 18,--
Kalbsteak »natur« (200 g) mit Champignons, pommes frites
und Salat 20,--
Schwarzwälder Filettopf
Rahmpilze, handgeschabte Spätzle, Salate 20,--
»Hauptbahnhofs-Feuertopf« mit verschiedenen Filets (200 g),
auf Spätzle, sehr scharf, dazu Salat 21,--

in Knoblauch... Gemüse
Butterreis, Gemüse

. . . er Wahl 21,--
. . . ilets (450 g) . . . 25,--

. . . 42,--

Zur Jause

Speckbrot 35.-
Schinkenbrot 35.-
Appetitbrot 42.-
Saure Wurst 38.-
Schinken-Käse-Toast 40.-
Würstl mit Senf u. Brot 26.-
Käseteller fein garniert . . . 22.-

...lzkartoffeln, 26.-

...«Burgvogtei», Kartoffelkroketten,
Gemüsegarnitur 31.-
*Tournedos à la «Burgvogtei», pommes croquettes,
choix de légumes*

139 Basler Herrenschnitzel (fein gefülltes Kalbsschnitzel), 29.50
Spargeln, Nudeln
*Escalope de veau farcie, nouilles au beurre,
salade mêlée*

9
Elemente

DIE NOMENGRUPPE:
NOMINATIV UND AKKUSATIV

	SINGULAR			PLURAL
	maskulin	feminin	neutrum	
NOMINATIV	der Salat frischer Salat der frische Salat ein frischer Salat	die Pizza gute Pizza die gute Pizza eine gute Pizza	das Bier kaltes Bier das kalte Bier ein kaltes Bier	die Trauben blaue Trauben die blauen Trauben
AKKUSATIV	den Salat frischen Salat den frischen Salat einen frischen Salat			

10
Suchen
und finden

Ich liebe:

frischen Salat
... Tee

... ...

Ich hasse:

billigen Wein
... Brötchen

... ...

85

11 fakultativ
Suchen
und finden

Das nennen Sie Fisch? Das schmeckt wie Papier!
Das nennen Sie Kaffee? Das schmeckt ...

12 fakultativ
Suchen
und finden

Willst du den ganzen Schinken allein essen?
→ Warum nicht? Und auch noch den Salat!

Willst du die ganze Milch allein trinken?
Willst du ...

13
Suchen
und finden

Schmeckt das Bier?
→ Hm. Haben Sie vielleicht auch ein *kaltes* Bier?

Schmeckt die Suppe?   Schmeckt der Wein?
Schmeckt der Käse?   Ist das die richtige Zeitung?
Schmeckt der Kaffee?   Schmeckt das Fleisch?
Schmecken die Brötchen?   Sind das die richtigen Zigaretten?
Schmeckt die Milch?

14 ⊙⊙
Szene

Herr Pfeil:	Ober!
Ober:	Komme gleich.
Herr Pfeil:	Mmm. – – Herr Ober!
Ober:	Bitte?
Herr Pfeil:	Eine Tasse Kaffee und –
Matti:	Limo.

Herr Pfeil:	Eine Limonade. Haben Sie Kuchen?
Ober:	Apfelkuchen, Zwetschgenkuchen, Schokoladetorte?
Matti:	Einen Zwetschgenkuchen möchte ich.
Ober:	Oder heiße Würstchen? Oder ein Schinkenbrot?
Matti:	Klar! Ein Schinkenbrot!
Herr Pfeil:	Also Matti, bitte, was möchtest du – den Kuchen oder das Schinkenbrot?
Matti:	Beides.
Herr Pfeil:	Was??
Matti:	Den Kuchen *und* das Schinkenbrot!
Herr Pfeil:	O Gott! Also, Herr Ober, bringen Sie zwei Zwetschgenkuchen und ein Schinkenbrot.
Ober:	Bitte, gern.

15
Textarbeit

1 Welche Personen sprechen hier?
2 Was trinkt Herr Pfeil?
3 Was trinkt Matti?
4 Was ißt Herr Pfeil?

16

Schreibschule

individuell oder
in kleinen Gruppen

Stellen Sie ein Menü zusammen: Vorspeise oder Suppe
Hauptgericht
Nachspeise
Getränke

17 ⊚⊚

Bitte
sprechen Sie

Ich suche die Zeitung.
→ Da ist sie.

Ich suche den Ober.   Ich suche den Zigarettenautomaten.
Ich suche das Geld.   Ich suche die Bedienung.
Ich suche die Toilette.   Ich suche den Ausgang.
Ich suche den Chef.

18 ⊚⊚

Bitte
sprechen Sie

Wo ist die Bedienung?
→ Sie suchen die Bedienung? Da ist sie.

Wo ist die Speisekarte?
Wo ist der Ober?   Wo ist die Zeitung?
Wo sind die Zigaretten?   Wo ist der Ausgang?
Wo ist der Chef?   Wo ist die Toilette?

Zu Seite 84: Die mittlere Speisekarte ist aus Österreich, die Speisekarte unten ist aus der
Schweiz, die Speisekarte oben ist aus Deutschland.

19
Elemente

DAS PERSONALPRONOMEN:
NOMINATIV UND AKKUSATIV

		SINGULAR					
Nominativ	**ich**	} **Sie**	**du**	**er**	} **sie**	} **es**
Akkusativ	**mich**		**dich**	**ihn**		

		PLURAL		
Nominativ	**wir**	} **Sie**	**ihr**	} **sie**
Akkusativ	**uns**		**euch**	

20
Studie

Ergänzen Sie bitte die Personalpronomen

(1) Claudia: Kennst _____ Andi, meinen neuen Freund?

     Nadia: Natürlich kenne ich _____ !

     Claudia: _____ wohnen jetzt in der Kirschenstraße. Vielleicht besuchst du _____

     mal?

     Nadia: Toll! Wann denn?

     Claudia: Am Montag abend?

     Nadia: Gut. Am Montag abend besuche ich _____ .

(2) Herr Glas: Hallo! Hallo! Hören Sie _____ ?

     Frau Luft: Ja, ich verstehe _____ gut.

     Herr Glas: Ich verstehe _____ nicht. Bitte sprechen Sie laut!

     Frau Luft: Jetzt spreche _____ ganz laut. Verstehen _____ jetzt?

     Herr Glas: Ja, ich verstehe Sie.

21

Suchen
und finden

Welche Sätze haben eine ähnliche Bedeutung?

1 ☐ a Was wünschen Sie?
  ☐ b Was haben Sie?
  ☐ c Was möchten Sie?
  ☐ d Was bringen Sie?

4 ☐ a Hilfe!
  ☐ b Verzeihung!
  ☐ c Entschuldigung!
  ☐ d Pardon!

2 ☐ a Ich koche mir eine Tasse Tee.
  ☐ b Ich hätte gern eine Tasse Tee.
  ☐ c Ich möchte eine Tasse Tee.
  ☐ d Ich kaufe eine Tasse Tee.

5 ☐ a Er bekommt täglich einen Liebesbrief.
  ☐ b Er schreibt täglich einen Liebesbrief.
  ☐ c Er kriegt täglich einen Liebesbrief.
  ☐ d Er will täglich einen Liebesbrief.

3 ☐ a Was sind Sie?
  ☐ b Wie heißen Sie?
  ☐ c Wie ist Ihr Name?
  ☐ d Wie geht es Ihnen?

6 ☐ a Brauchst du auch ein Eis?
  ☐ b Willst du auch ein Eis?
  ☐ c Hast du auch ein Eis?
  ☐ d Möchtest du auch ein Eis?

22 ☺

Hören und
verstehen

Welches Bild paßt?
Welches Bild ist das richtige?

Weitere Materialien zur Auswahl

23

Schüttelkasten   Welche Wörter passen *nicht?*

Im Gasthaus:

Suppe   Kaffee   Hähnchen
boxen
Motorrad   trinken
fliegen
Zeitung   Pyjama
Schreibmaschine
essen
Rotwein   Ober
Karten
spielen   Klinik
Schnitzel

In der Buchhandlung:

Roman   Shakespeare
reiten   Zeitung
verkaufen
Lesen   Bücher
suchen
Krimi   kaufen
Fahrplan   Violine
Berg   Mercedes
Tomaten   tanzen

24

Kombination

Bauen Sie Wörter

Blumen-	
Foto-	
Theater-	
Fisch-	laden
Abend-	kasse
Buch-	zeitung
Reise-	karte
Zigaretten-	
Milch-	
Morgen-	
Kino-	

25
Lesetext

Hubertus von Wulffen (24), Student: *„Diesen Blumenstrauß, den schenke ich meiner Freundin Yvonne zum Valentinstag.*

Therese Drexel (75), Rentnerin: *„Meine Freundin und ihr Mann bekommen von mir diesen Strauß zum Valentinstag. Da steck' ich dann noch ein Herzerl hinein und außerdem zwei Zigarren. Denn schließlich soll der Mann ja was von dem Strauß haben.*

Michael Bode (33), Student: *„Diesen Blumenstrauß bekommt meine Schwester. Aber nicht zum Valentinstag, denn ich brauche keinen besonderen Anlaß, um Blumen zu schenken.*

Marianne Lieb (60), Hausfrau: *„Jedes Jahr am Valentinstag bekommt meine Mutter einen großen Strauß Blumen von mir. Das ist doch ein schöner alter Brauch, eine Tradition, die man pflegen muß.*

Abendzeitung

26
Textarbeit

1 Was fragt der Reporter?
2 Finden Sie eine Überschrift!
3 Was ist ein Strauß?
4 Woher kommen die Leute?
5 Auf der ganzen Welt schenken die Menschen Blumen. Was bedeuten die Blumen?

27
Das richtige Wort

Was machen die Leute?

der Arbeiter, der Raucher, der Spieler, der Schläfer, der Tänzer, der Boxer, der Fahrer, die Tänzerin, die Studentin, der Turner, der Spaziergänger, der Sprecher, die Sprecherin, die Arbeiterin.

28
Kontrolle

Frage:	Antwort:

a _____ suchen Sie?

Ich suche _____ _____ Blumenladen.
(gut)

Hier links, 20 m von hier. Da gibt es

immer _____ Blumen.
(frisch)

Vielen Dank. Und wo _____ ich bitte
die nächste Bank?

Hier gibt es keine Bank. Nehmen Sie
den Bus und fahren Sie ins
Stadtzentrum. Da gibt es fünf

_____ Banken. Alles klar?
(groß)

Ja, danke!

b Ist das die Zeitung von heute?

Ja, das ist die _____ Zeitung.
(neu)

Was kostet _____ ?

70 Pfennig.

Das ist aber billig. Sagen Sie, ist das
eine _____ Zeitung?
(gut)

Hm. Eine _____ Zeitung kostet 1,20 DM.
Oder 1,50 DM.

c Nehmen Sie keinen Zucker?

_____ , gern.

Sie warten auf Ihre Freundin?
Warten Sie schon lange?

_____ , ich warte schon 1$^1/_2$ Stunden.

Vielleicht kommt sie nicht.

_____ , sehen Sie – da kommt sie!

d Ich verstehe _____ nicht,
bitte sprechen Sie langsam.

Jetzt: Verstehen Sie _____ jetzt?

Ja, sehr gut. Danke.

15 Lösungen

Kapitel 6

Kernprogramm

1 ⊙⊙

Suchen und
finden

Ihr Geld, aber sofort!
→ Ich habe kein Geld.

Ihre Uhr, aber sofort!
Ihren Mercedes, aber sofort!
Ihre Pistole, aber sofort!
Ihr Auto, aber sofort!
Ihre Millionen, aber sofort!

Ihren Fernseher, aber sofort!
Ihre Diamanten, aber sofort!
Ihren Rolls-Royce, aber sofort!
Ihre Tochter, aber sofort!

2
Studie

a   Tut mir leid, ich habe _____kein_____ Geld.

b   Eine Uhr? Nein, ich habe _____ Uhr.

c   Was möchten Sie? Champagner? Wir haben _____ Champagner.

d   Eine Pistole? Nein, nein, ich habe _____ Pistole.

e   Leider habe ich _____ Schnaps.

f   Das Radio? Tut mir leid, hier gibt es _____ Radio.

g   Der Fernseher? Nein, _____ .

h   Juwelen möchten Sie? Schade. Leider _____ .

i   Haschisch? Nein, ich habe _____ Haschisch.

k   Ich habe auch _____ Diamanten.

l   Sie möchten telefonieren? Tut mir leid, _____ .

m   Hunger haben Sie? Oh bitte, hier habe ich _____ guten Apfelkuchen.
Bitte nehmen Sie Platz.

3 ⚇
Bitte
sprechen Sie

Möchtest du den Fernseher?
→ Nein danke, ich brauche keinen Fernseher.

Möchtest du das Radio?
Möchtest du die Kaffeemaschine?
Möchtest du das Mikrofon?
Möchtest du den Mercedes?
Möchtest du das Auto?
Möchtest du den Ford?
Möchtest du das Fahrrad?
Möchtest du den Alfa Romeo?
Möchtest du das Motorrad?

4
Elemente   *DER ARTIKEL*

		bestimmter Artikel	
		SINGULAR	
Nominativ Akkusativ	**der Film** **den Film** }	**die Uhr** }	**das Auto**
		PLURAL	
Nominativ Akkusativ	} **die Filme**	**die Uhren**	**die Autos**

5

Suchen und
finden

Antworten Sie frei

Ich hätte gern ein Wörterbuch.
→ Tut mir leid, wir haben keine Bücher.

Ich hätte gern rote Rosen.
Ich hätte gern einen Whisky.
Ich hätte gern eine 50-Pfennig-Briefmarke.
Ich hätte gern ein Wurstbrötchen.
Ich hätte gern eine Flasche Rotwein.
Ich hätte gern einen Kriminalroman.
Ich hätte gern eine Flasche Pils.
Ich hätte gern einen Kodak-Film.
Ich hätte gern eine 80-Pfennig-Briefmarke.

6

Suchen und
finden

Antworten Sie frei

Trinken wir ein Bier?
→ Nein danke, ich habe jetzt keinen Durst.
Gehen wir spazieren?
→ Nein, ich habe jetzt keine Lust.

Kommen Sie heute abend zu uns?   Kommen Sie mit ins Kino?
Gehst du mit zum Zirkus?   Nimmst du Cola?
Möchtest du eine Limonade?   Cognac?
Eine Torte?   Kaufen wir die Platte?

unbestimmter Artikel			negativer Artikel		
SINGULAR			SINGULAR		
ein Film einen Film	eine Uhr	ein Auto	kein Film keinen Film	keine Uhr	kein Auto
PLURAL			PLURAL		
Filme	Uhren	Autos	keine Filme	keine Uhren	keine Autos

7

Elemente　　　　　*HILFSVERB "HABEN"*

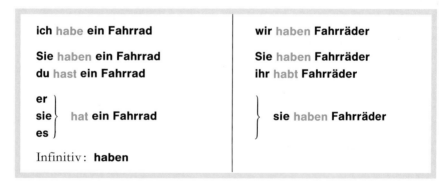

ich habe **ein Fahrrad**

Sie haben **ein Fahrrad**
du hast **ein Fahrrad**

er
sie } hat **ein Fahrrad**
es

Infinitiv: **haben**

wir haben **Fahrräder**

Sie haben **Fahrräder**
ihr habt **Fahrräder**

} sie haben **Fahrräder**

8

Kombination

fakultativ

Ich | bin
　　| habe

ledig.
in Frankfurt.
eine Uhr.
jung.
Angst.
Japaner.
keine Angst.

9

Kombination

fakultativ

Wir	haben	einen gefährlichen Mann.
Frau Becher	habe	einen netten Mann.
Ich	ist	Sekretärin.
Herr Meier	hat	ein Haus in Tirol.
		vier Kinder.
		einen großen Citroën.

10

Studie

BEA:

_____ fahren Sie?

_____ sind wir denn in Berlin?

Ja.

Jura. Und Sie? _____ Sie schon fertig mit dem Studium?

In Charlottenburg, bei meinen Eltern.

Natürlich. Aber kennen Sie meine Schwester? Die ist ein richtiger Filmstar!

Drei Jahre.

Nein. Aber ich _____ einen Hund! Tschüs.

BILL:

Nach Berlin.

Um 9 Uhr 50. _____ Sie Studentin?

_____ studieren Sie denn, wenn ich fragen darf?

Ja. _____ wohnen Sie denn?

_____ Ihre Mutter auch so schön wie Sie?

Oh! Wie alt _____ sie?

_____ Sie Telefon?

Tschüs.

10 Lösungen

11
Spiel

Tauschen Sie!

A: Ich habe einen ganz neuen Fön.
   Ich suche einen guten Fußball.
B: Ich habe eine Kamera.
   Ich suche einen neuen Fön.
C: Ich möchte ...
D: Du bekommst ...
E: Wer hat ...

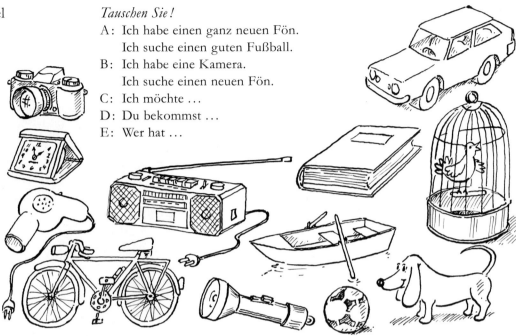

12
Suchen
und finden

Ein Gläschen Cognac?
   → Ich trinke keinen Cognac.

Zigarette?
Champagner?   Eine Zigarre?
Schokolade?   Eine Flasche Bier?
Eine Portion Kaviar? Ein Stück Torte?
Einen Krimi?   Tee?

13 👓
Bitte
sprechen Sie

Mein Koffer ist weg.
   → Da ist er.

Mein Auto ist weg.
Meine Juwelen sind weg.   Mein Hund ist weg.
Mein Mantel ist weg.   Meine Zeitung ist weg.
Mein Geld ist weg.   Mein Fahrrad ist weg.
Meine Blumen sind weg.   Meine Zigaretten sind weg.

14 ⊙⊙

Bitte
sprechen Sie

Ist das deine Kamera?

→ Ja. Ich habe keine neue.

Ist das dein Hut?	Ist das dein Auto?	Ist das dein Fön?
Ist das dein Fahrrad?	Ist das dein Koffer?	Ist das dein Motorrad?
Ist das dein Wecker?	Ist das deine Tasche?	Ist das dein Mantel?

15 ⊙⊙

Bild-
geschichte F

1 Das ist mein Hund.
Nicht nur groß,
sondern auch gefährlich.

2 Das ist mein Hund.
Etwas ängstlich, aber intelligent.
Ungefähr wie ich.

3 Hier wohne ich.
Das ist mein Park.
Das ist mein Haus.
Was sagen Sie nun?

4 Hier wohne ich.
Ein kleines Zimmer – o.k.
Ein alter Tisch – gut.
Ein hartes Bett – aber gesund!

16
Elemente

DAS POSSESSIVUM

	SINGULAR			PLURAL
	maskulin	feminin	neutrum	
Nominativ	1 **mein Hund**	1 **meine Uhr**	1 **mein Haus**	1 **meine Blumen**
	2 **Ihr Hund** / **dein Hund**	2 **Ihre Uhr** / **deine Uhr**	2 **Ihr Haus** / **dein Haus**	2 **Ihre Blumen** / **deine Blumen**
	3 **sein Hund** / **ihr Hund** / **sein Hund**	3 **seine Uhr** / **ihre Uhr** / **seine Uhr**	3 **sein Haus** / **ihr Haus** / **sein Haus**	3 **seine Blumen** / **ihre Blumen** / **seine Blumen**
	1 **unser Hund**	1 **unsere Uhr**	1 **unser Haus**	1 **unsere Blumen**
	2 **Ihr Hund** / **euer Hund**	2 **Ihre Uhr** / **eure Uhr**	2 **Ihr Haus** / **euer Haus**	2 **Ihre Blumen** / **eure Blumen**
	3 **ihr Hund**	3 **ihre Uhr**	3 **ihr Haus**	3 **ihre Blumen**
Akkusativ	1 **meinen Hund**	1 **meine Uhr**	1 **mein Haus**	1 **meine Blumen**
	2 **Ihren Hund** / **deinen Hund**	2 **Ihre Uhr** / **deine Uhr**	2 **Ihr Haus** / **dein Haus**	2 **Ihre Blumen** / **deine Blumen**
	3 **seinen Hund** / **ihren Hund** / **seinen Hund**	3 **seine Uhr** / **ihre Uhr** / **seine Uhr**	3 **sein Haus** / **ihr Haus** / **sein Haus**	3 **seine Blumen** / **ihre Blumen** / **seine Blumen**
	1 **unseren Hund**	1 **unsere Uhr**	1 **unser Haus**	1 **unsere Blumen**
	2 **Ihren Hund** / **euren Hund**	2 **Ihre Uhr** / **eure Uhr**	2 **Ihr Haus** / **euer Haus**	2 **Ihre Blumen** / **eure Blumen**
	3 **ihren Hund**	3 **ihre Uhr**	3 **ihr Haus**	3 **ihre Blumen**

17
Kombination

Wir	sucht	seinen Ring.
Ich	suchen	unseren Kanarienvogel.
Carl	suche	seinen Schirm.
		meine Sonnenbrille.
		unsere Taschenlampe.

18 ⊙⊙

Bitte
sprechen Sie

Die Blumen nehme ich.

   → Halt! Das sind meine Blumen!

Das Fahrrad nehme ich.

   → Halt! Das ist mein Fahrrad!

Den Hund nehme ich.	Den Koffer brauche ich!
Das Motorrad nehme ich.	Mmmmm, so eine gute Wurst!
Der Cognac ist gut!	Die Zigaretten nehme ich.
Interessanter Brief!	Den Mann nehme ich.

19 ⊙⊙

Bitte
sprechen Sie

Verkaufen Sie Ihr Motorrad?

   → Nein, mein Motorrad verkaufe ich nicht.

Nehmen Sie meinen Hund?

   → Nein, Ihren Hund nehme ich nicht.

Verkaufen Sie Ihr Haus?	Verkaufst du deine Trompete?
Verkaufen Sie Ihre Uhr?	Nehmen Sie meine Kamera?
Nehmen Sie meinen VW?	Nehmt ihr unseren Fernseher?
Nehmen Sie meine Katze?	Nehmen Sie meinen Computer?
Verkaufen Sie Ihre Gitarre?	Nehmt ihr unser Auto?
Nehmen Sie mein Fahrrad?	Verkaufst du deine Schreibmaschine?

20 ⊙⊙

Szene

Nick: Du, Max!
Max: Ja?
Nick: Max, wie gefällt dir die Maschine?
Max: Das Motorrad? Klasse, du! Wie schnell?
Nick: 165.
Max: 165! Wie stark ist der Motor?
Nick: 50 PS.
Max: Ist die neu?
Nick: Sicher.
Max: Nick, ich gratuliere. Tolle Maschine!
Nick: Leider ist es nicht meine.

21
Textarbeit

a   Die Männer reden über

☐ ein Auto.
☐ ein Fahrrad.
☐ ein Motorrad.

b   Die Maschine fährt

☐ schnell.
☐ gar nicht.
☐ langsam.

c   Die Maschine gehört

☐ Nick.
☐ Max.
☐ nicht Max, nicht Nick.

22
Variation

A   Gefällt Ihnen der Sportwagen?

B   Sehr schöner Wagen! Wie schnell _____ ?

A   250.

B   Wie stark _____ ?

A   120 PS.

B   _____ ganz neu?

A   Sicher.

B   _____ !

A   Leider ist es nicht mein Wagen.

23

Suchen und
finden

Schönes Haus!
→ Leider ist es nicht mein Haus.

Dummes Auto!
→ Zum Glück ist es nicht mein Auto.

Dumme Katze!
Toller Garten.
Miserables Motorrad!
Kranker Hund.
Schöne Uhr.
Schlechte Firma.
Blöder Wagen!
Toller Lehrer!
Dumme Maschine!

24

Suchen und
finden

Kein Haus ohne	Mehl
Kein Motorrad ohne	Batterie
Kein Schweizer Käse ohne	Räder
Kein Kuchen ohne	Dach
Keine Taschenlampe ohne	Löcher

25

Suchen und
finden

Kein Tag ohne	Motor
Kein Zimmer ohne	Beine
Kein General ohne	Abend
Kein Tisch ohne	Fenster
Kein Auto ohne	Soldaten

26 ⊙⊙

Hören und
verstehen

1 Was tun die Kinder?
2 Welchen Sport treiben die Leute?
3 Welchen Sport treiben die Leute?
4 Welchen Sport treibt der Mann?
5 Was tun die Kinder?
6 Was tun die Leute?

27
Lesetext

eingeführt als Lücken-
diktat (Diktattext
im Lehrerheft)

Unser Auto ist elf _____ . Der Motor _____ ganz

laut, und das _____ brennt nur selten. Unser Auto _____

_____ groß, aber es _____ Platz für _____ Personen.

Unsere ganze _____ paßt hinein. Die _____ ist kaputt,

und _____ fällt immer runter. Unser Auto fährt

sehr, sehr _____ . Wir _____ auch eine Heizung, aber

die geht nur im _____ . Ein komisches Auto, sagen Sie? Vielleicht.

Wir _____ es richtig gern.

16 Lösungen

Weitere Materialien zur Auswahl

28
Rätsel

Hier finden Sie sechs Wörter aus der Welt der Technik

Re	ka	me	her
Ta	schwin	ra	ne
Schreib	schen	dig	ra
Ge	fern	lam	keit
Film	pa	schi	pe
Farb	ma	se	tur

29

Spiel

hören oder lesen

Was ist das?

- Es hat 31 Tage.
- Es hat vier Räder und einen Motor.
- Es besteht aus Wasser, Zitrone und Zucker.
- Es besteht aus Mehl, Wasser und Salz.
- Es hat 12 Monate.
- Es hat zwei Pedale und zwei Räder.
- Es besteht aus Mehl, Milch, Eiern und Zucker.
- Es besteht aus Milch, Salz und Löchern.
- Es hat 60 Minuten.
- Es hat ein Dach und viele Löcher.
- Es besteht aus Tabak und Papier.

30

Ihre Rolle, bitte

Verkaufsgespräche

Machen Sie sich Notizen (in kleinen Gruppen) und sprechen Sie dann frei

der Autohändler	rot	schnell
der Motorradhändler	blau	stark
der Fahrradhändler	grün	gut
der Kunde	gelb	ausgezeichnet
die Kundin	schwarz	schön
der Käufer	weiß	modern
die Käuferin	neu	luxuriös
die Probefahrt	gebraucht	bleifrei
der Kilometer	alt	
das Benzin (Normal/Super)	klein	
der Katalysator	groß	
der Motor	teuer	
die Maschine	billig=preiswert	

31

Das richtige Wort

Wie heißt der Singular?

die Berge, die Pferde, die Seen, die Sportplätze, die Theaterkarten
die Briefmarken, die Büros, die Lampen, die Papiere, die Schreibtische, die Zeitungen
die Batterien, die Busse, die Maschinen, die Motoren, die Räder, die Reparaturen
die Bücher, die Filme, die Gitarren, die Kinos, die Restaurants

32
Kontrolle

(a) Friseur: Wie alt _____ denn Ihre Söhne? _____ sie noch in der Schule?

Professor: Ja, einer.

Friseur: Und der andere? _____ der schon verheiratet?

Professor: Nein.

Friseur: Sie _____ sicher ein _____ Haus mit Garten?

Professor: Nein, ich _____ nicht so reich, ich _____ nur eine _____ Wohnung.

Friseur: Vierzehn Mark, bitte. Wo _____ Sie denn Ihren Wagen?

Professor: Ich _____ keinen Wagen, ich gehe zu Fuß.

(b) Hans: Herzlich willkommen! Das ist _____ Frau, und das ist Sebastian.
                                              (Possessivum)

Inge: Guten Tag! Bitte kommen Sie rein.

Sebastian: Guten Tag! Du hast aber eine _____ Frau, Hans.
                                                 (Adjektiv)

Inge: Und du hast _____ _____ Freund, Hans.
                              (Artikel)   (Adjektiv)

Hans: _____ Kinder sind noch in der Schule, die kommen
             (Possessivum)

in fünf oder zehn Minuten heim.   15 Lösungen

Phonetisches Zwischenspiel

1 ☺

Bitte
hören Sie

du	→ zu	→ du	→ zu
Tee	zehn	Tee	zehn
Tal	Zahl	Tal	Zahl
Tour	zurück	Tour	zurück

zählen	→ teilen	→ zählen	→ teilen
zwei	Tassen	zwei	Tassen
zahlen	Telefon	zahlen	Telefon
Zentrum	tanzen	Zentrum	tanzen

2

Elemente

Wir sprechen **Z** wie TS

Zeit	**Zimmer**
Zeitung	**zwei**
Zigaretten	**Zahl**
Zug	**Zahlen**

3 ☺

Bitte
sprechen Sie

Telefon	→ zahlen	→ Telefon	→ zahlen
Tee	zehn	Tee	zehn
Tal	Zahl	Tal	Zahl
teilen	zwei	teilen	zwei

Zahl	→ Tal	→ Zahl	→ Tal
zwischen	Tisch	zwischen	Tisch
Zentrum	tanzen	Zentrum	tanzen
zu	du	zu	du

4 ☺

Bitte
hören Sie

Tante	→ tanzen	→ Tante	→ tanzen
nicht	nichts	nicht	nichts
acht	achtzehn	acht	achtzehn
Nacht	nachts	Nacht	nachts

5 ⌾⌾
Welches Wort
hören Sie?

1 a ☐ Kasse
   b ☐ Katze

2 a ☐ Tanten
   b ☐ tanzen

3 a ☐ Zahl
   b ☐ Tal

4 a ☐ Satz
   b ☐ satt

5 a ☐ nicht
   b ☐ nichts

6 a ☐ Kurs
   b ☐ kurz

7 a ☐ Butter
   b ☐ putzen

8 a ☐ Nacht
   b ☐ nachts

6 ⌾⌾
Bitte
sprechen Sie

Verzeihung, wann fährt der Zug?
zwanzig Zigaretten
Bitte nehmen Sie Platz!
Zwei Tassen Tee mit Zitrone und Zucker!

Zählen Sie zusammen!
Zehn und zehn sind zwanzig.
Das Zentrum von Würzburg
Sonntagszeitung

fünfzehnter März
mit dem Zug zurück nach Zürich
Verzeihung, möchten Sie zahlen?
Wir tanzen Walzer.

Kapitel 7

Kernprogramm

1 ⊙⊙
Szene

Christine:	Guten Abend, haben Sie ein Zimmer frei?
Empfangsdame:	Selbstverständlich. Möchten Sie ein Doppelzimmer?
Uri:	Ja.
Christine:	Was kostet das?
Empfangsdame:	Ein Doppelzimmer mit Bad, Fernseher und so weiter 145,— Franken.
Uri:	Da müssen wir weitersuchen.
Christine:	Das ist sehr teuer.
Empfangsdame:	Sie möchten doch ein Zimmer mit Bad?
Christine:	Nein, ohne Bad.
Empfangsdame:	Mit Dusche?
Uri:	Nein, ohne.
Empfangsdame:	Mit Fernseher?
Christine:	Nein, nein.
Empfangsdame:	Mit Telefon?

Uri:	Nein. Wir möchten ein ganz einfaches Zimmer.
Empfangsdame:	Ein einfaches Zimmer, ohne Dusche, ohne Telefon – 70,– Franken.
Christine:	Gut. Das nehmen wir.

2
Textarbeit

a Das eine Zimmer kostet 145,– Franken, das andere Zimmer kostet nur 70,– Franken. Warum?

b Uri und Christine möchten kein Bad. Warum?

c Erklären Sie das Wort „einfach".

d Unsere Szene spielt in der Schweiz. Wie sind die Preise in Ihrem Land?

3 ⊙⊙
Variation

Portier:	Guten Abend, Sie möchten ein Doppelzimmer?
Herr Rose:	Nein, zwei Einzelzimmer.
Portier:	Zwei Einzelzimmer? Sehr schwierig. Zimmer 7 - 6 - 5 - 4 - 3 - 2 - alles besetzt. Nur Zimmer 1 ist noch frei. Aber das ist leider ein Doppelzimmer.
Herr Rose:	Sehr schwierig. Nehmen wir das Doppelzimmer?
Frau Dorn:	Wir fahren weiter. Können Sie uns ein gutes Hotel empfehlen?
Portier:	Das nächste Hotel ist 33 km von hier.
Herr Rose:	Wie weit müssen wir fahren?
Portier:	33 km.
Herr Rose:	33 km! Wir müssen das Doppelzimmer nehmen.
Frau Dorn:	Sie können es nehmen, Herr Rose. Ich fahre weiter.

4
Textarbeit

Welcher Satz ist richtig?

falsch   richtig

falsch	richtig		
☐	☐	1	In dem Hotel sind alle Zimmer besetzt.
☐	☐	2	Frau Dorn möchte in dem Hotel bleiben.
☐	☐	3	Herr Rose möchte in dem Hotel bleiben.
☐	☐	4	Frau Dorn möchte im Doppelzimmer schlafen.
☐	☐	5	Herr Rose möchte nicht weiterfahren.
☐	☐	6	Herr Rose kann nicht weiterfahren.

5 ⊙⊙
Variation

Herr Hammer:	Ich reise ab.
Portier:	Wie ist Ihre Zimmernummer?
Herr Hammer:	118.
Portier:	Hier ist Ihre Rechnung. 81,— DM mit Frühstück.
Herr Hammer:	Ich zahle nichts. Ihr Lift ist defekt, das Zimmer ist kalt, das Wasser ist kalt, das Telefon ist kaputt, und das Frühstück ist miserabel.
Portier:	81,— DM mit Frühstück.
Herr Hammer:	Mit Frühstück! Haha!
Portier:	Gut, 74,— DM ohne Frühstück.
Herr Hammer:	Verstehen Sie mich? Hier kann man nicht duschen, man kann nicht telefonieren, man muß zu Fuß die Treppen gehen –

Bitte spielen Sie die Szene zu Ende.

6
Spiel

Beim Portier

G A S T   *kann nicht sprechen und spielt ohne Worte, was er sucht:*
Telefon, Taxi, Geldwechsel, Telefonbuch, Zeitung, Friseur, Fernseher, Post, Fahrplan, Schwimmbad, Disco, Bar, Schuhmacher, Tankstelle ...

P O R T I E R :   Ach, Sie suchen ...
Ach, Sie möchten ...

7
Lesetext

Die Schweiz ist das Mutterland der Hoteltradition. Nicht nur im Luxushotel, auch im kleinen Gasthof finden Sie immer internationale Hotelkultur: modernen Komfort, ausgezeichnete Bedienung, gute Küche und solide Preise – nicht immer billig, aber auch nicht zu teuer.

5 Die Schweizer Küche ist eine exzellente Mischung aus deutscher, französischer und italienischer Tradition.

Viele alte familiäre Gasthöfe tragen die schönen alten Namen: „Sonne", „Alte Post", „Blaue Traube", „Schwan", „Glocke". Und sie zeigen ihren Namen auch mit kunstreichem Schild auf der Straße.

10 Eine besonders traditionsreiche Stadt ist das 1400jährige Sankt Gallen, kulturelles Zentrum der Ostschweiz. St. Gallen ist eine typisch mittelalterliche Stadt; in der autofreien Altstadt gibt es viele sehr schöne Plätze, Brunnen, Cafés und kleine Restaurants – und überall Blumen.

Alle unsere Bilder hier zeigen Sankt Gallen.

a Bitte suchen Sie die Stadt St. Gallen auf der Landkarte.

b Welche Sprache spricht man in St. Gallen?

c Welche Bilder passen nicht so gut zu unserem Text? Was zeigen diese Bilder?

d In welches Hotel möchten Sie gehen? Warum?

e Welches Bild finden Sie besonders schön? Warum?

f Zwei Bilder zeigen die Kathedrale von St. Gallen (1755–1768). Diese beiden Bilder entstanden an einem Sonntag. Ist das klar?

g Was bedeutet „autofrei"? Finden Sie Argumente für und gegen das autofreie Stadtzentrum.

h Mischung aus deutscher, französischer und italienischer Küche: geben Sie Beispiele für die deutsche, für die französische, für die italienische Küche.

8 ⚆⚆

Bitte
sprechen Sie

Ist das Bad frei?
→ Nein, es ist besetzt.

Ist die Bank geöffnet?
→ Nein, sie ist geschlossen.

Ist der Portier da?
→ Nein, er ist weg.

Ist der Tisch frei?
Ist das Restaurant geöffnet?   Ist der Platz frei?
Ist der Ober da?   Ist das Café geöffnet?
Ist die Sekretärin da?   Ist der Chef da?
Ist das Hotel geöffnet?   Ist die Apotheke geöffnet?

9

Suchen
und finden

Wir sind zwei Personen.
→ Haben Sie zwei Einzelzimmer?

Ich bin allein.
Wir sind drei.
Wir sind zwei Freundinnen.
Wir sind eine Familie mit drei Kindern.
Ich heiße Müller, und das ist meine Schwester.
Ich komme mit meinen sechs Kindern.
Wir sind vier.
Wir sind zwei Professoren.
Wir sind fünf Leute.

10

Suchen
und finden

Wie ist Ihr Hotel? Ist es billig?   → Nein, teuer.
Und Ihr Zimmer? Ist es warm?
Haben Sie ein Bad? Ist es groß?
Ist Ihr Zimmer hell?
Hoffentlich ist die Toilette sauber?
Haben Sie ein Telefon im Zimmer?
Und Radio?
Aber das Frühstück, das ist sicher gut?
Ist der Tee gut?
Sind die Brötchen frisch?
Und der Ober, ist er freundlich?
Liegt das Hotel ruhig?
Ach, das tut mir aber leid.

Bulletin d'arrivée   Meldeschein   Bollettino di notìfica   Register of arrival

Voir pages 2 et 3 de la couverture
Bitte 2. und 3. Umschlagseite beachten   Logeur   No chambre
Vedi le pagg. 2 e 3 di copertina   Beherberger   Zimmer Nr.
Please see 2nd and 3rd coverpage   Alloggiatore ·······   Camera n. ·····

Nom de famille
Familienname   En majuscules   Blockschrift
Cognome   In maiuscole   Block letters
Surname

Prénom   Né le
Vorname   Geboren den
Nome   Nato il
First name   Date of birth ············

Lieu de naissance   (pour les Suisses - lieu d'origine)   Profession
Geburtsort   (bei Schweizerbürgern - Heimatort)   Beruf
Luogo di nàscita   (per gli Svizzeri - luogo d'origine)   Professione
Place of birth   Profession ···········

Nationalité   Nombre des membres de la famille (femme et enfants)
Staatsangehörigkeit   Anzahl der Familienangehörigen (Ehefrau und Kinder)
Nazionalità   Numero dei congiunti (moglie e figli)
Nationality   Number of family members (wife and children) ········

Adresse exacte   Pays
Genaue Wohnadresse   Staat
Indirizzo esatto   Stato
Full home address ···········   Country ·······

Arrivée de   Destination
Herreise von   Reiseziel
Proveniente da   Destinazione
Coming from ··········   Going to ·········

Date de l'arrivée   Du départ   Signature
Datum der Ankunft   Der Abreise   Unterschrift
Data dell'arrivo   Della partenza   Firma
Date of arrival ··········   Of depart ······   Signature ········

Pour les étrangers (à remplir par le logeur)   Genre de papier d'identité
Bei Ausländern (vom Beherberger einzutragen)   Art des Ausweispapieres   No
Per gli stranieri (da riempirsi dall'alloggiatore) Genere del documento di   Nr.
For aliens (to be filled by the hotel-keeper)   legittimazione ···········   N. ·········

FAVORIT

11

Kombination

Muß		in dem eiskalten Zimmer schlafen?
Warum müssen	ich	bitte das Frühstück bekommen?
Kann	wir	so viel Geld bezahlen?
Können		eine Flasche Champagner bekommen?

12

Kombination

	sofort zum Chef	gehen
	im Garten	bezahlen
Sie müssen	heute in die Disco	unterschreiben
Wir können	den Paß	frühstücken
	morgen die Rechnung	kommen

13 ⊙⊙

Bitte
sprechen Sie

Können Sie tanzen?
→ Natürlich kann ich tanzen!

Können Sie schwimmen?
Können Sie Englisch?   Können Sie mich verstehen?
Können Sie Auto fahren?   Können Sie Deutsch?
Können Sie Gitarre spielen?   Können Sie aus der Hand lesen?

14 ⊙⊙

Bitte
sprechen Sie

Ich schreibe den Brief morgen.

→ Kannst du ihn nicht heute schreiben?

Ich mache die Arbeit morgen.
Ich frage den Chef morgen.
Ich schicke das Paket morgen.
Ich komme morgen.
Ich repariere das Fahrrad morgen.
Ich beginne morgen.
Ich schicke den Scheck morgen.
Wir kommen morgen.
Ich putze das Zimmer morgen.
Ich lese den Brief morgen.
Wir zahlen das Telefongespräch morgen.

15

Elemente

MODALVERBEN

1	**ich** kann **reiten**	**wir** können **reiten**
2	**Sie** können **reiten** **du** kannst **reiten**	**Sie** können **reiten** **ihr** könnt **reiten**
3	**er** **sie** } kann **reiten** **es**	} **sie** können **reiten**

Infinitiv: **können**

1	**ich** muß **zahlen**	**wir** müssen **zahlen**
2	**Sie** müssen **zahlen** **du** mußt **zahlen**	**Sie** müssen **zahlen** **ihr** müßt **zahlen**
3	**er** **sie** } muß **zahlen** **es**	} **sie** müssen **zahlen**

Infinitiv: **müssen**

16
Studie

Bitte ergänzen Sie
können oder *müssen*

a _____ Sie mir einen guten Gasthof empfehlen?

b Natürlich, den Gasthof „Schwanen" _____ ich Ihnen sehr empfehlen.

c Bitte, _____ ich Ihnen helfen?

d Ja, _____ Sie mir den Koffer ins Zimmer bringen?

e Sie _____ das Zimmer vor zwölf verlassen.

f _____ ich mal die Speisekarte haben?

g Wo ist das Telefon? Ich _____ zu Hause anrufen.

h _____ Sie mir Menü III bringen?

i Und _____ ich ein großes Bier kriegen?

k Ach Gott, morgen ist der Urlaub vorbei. Übermorgen _____ ich wieder ins Büro.

17

Elemente

MODALVERBEN

1	**ich** möchte **frühstücken**	**wir** möchten **frühstücken**
2	**Sie** möchten **frühstücken** **du** möchtest **frühstücken**	**Sie** möchten **frühstücken** **ihr** möchtet **frühstücken**
3	**er** **sie** } möchte **frühstücken** **es**	} **sie** möchten **frühstücken**

18

Studie

Ergänzen Sie
können/möchten/müssen

a   Wir _____ am Bodensee Urlaub machen.

b   _____ Sie schwimmen?

c   Sie _____ das Formular hier ausfüllen.

d   Hier gefällt es mir. Hier _____ ich bleiben.

e   _____ ich hier telefonieren, bitte?

f   Moment! Ich _____ mich noch frisieren.

g   Auf Wiedersehen! Ich _____ jetzt leider gehen.

h   _____ ich bitte den Direktor sprechen?

i   Herr Quadflieg, Sie _____ sofort zur Polizei kommen!

k   Wo _____ ich unterschreiben?

l   _____ Sie Tee oder Kaffee?

m   Ach Gott, ich _____ die Rechnung bezahlen!

n   _____ ich die Rechnung auch morgen bezahlen?

o   _____ Sie mir Feuer geben?

p   _____ Sie Polka tanzen?

19
Studie

Bauen Sie Sätze

Sie	können	Platz	nehmen
Ich		gern ins Kino	
Du		noch etwas Tee	kämmen
		nächste Woche wieder in die Disco	
		den Garten	waschen
		die Haare	bekommen
			reparieren
Wir		die Blumen	
			gießen
		die Katze	fragen
		den Großvater	
			fotografieren
Ich		ins Bett	
Charlie			fressen

121

20

Ihre Rolle, bitte

Machen Sie sich
Notizen (in kleinen
Gruppen) und sprechen
Sie dann frei

das	Hotel	
die	Jugendherberge	preiswert
das	Kino	gut
die	Bar	ruhig
das	Schwimmbad	interessant
das	Restaurant	billig
die	Sauna	schön
die	Disco	

Beispiel: A: Können Sie mir ein gutes Hotel empfehlen?

B: Das Hotel Helvetia.

A: Kann ich da auch schwimmen?

B: Ja, das Hotel hat ein Schwimmbad.

21 ⊙⊙

Kleiner Dialog

Frau Luft: Was kostet der große Spiegel?

Verkäufer: 129,80 SF.

Herr Glas: Das ist aber sehr teuer.

Verkäufer: Der kleine hier kostet nur 48,— SF.

Herr Glas: Wollen Sie nicht den kleinen nehmen?

Frau Luft: Nein, ich will den großen.

22 ⊙⊙

Variation

Kollege 1: Sie rauchen schon wieder?

Kollege 2: Ich weiß, ich weiß. Rauchen ist ungesund.

Kollege 1: Bitte hören Sie doch auf, Herr Kollege.

Kollege 2: Ich will aber rauchen!

Kollege 1: Bitte. Wie Sie wollen.

23

Variation

Marta: Du willst also wirklich den verrückten Künstler heiraten?

Suse: Klar. Du denkst natürlich, ich bin auch verrückt.

Marta: Es gibt doch so viele normale Männer, Suse.

Suse: Aber ich will _____ !

24
Elemente

MODALVERBEN

1	ich **will** Deutsch lernen	wir **wollen** Deutsch lernen
2	**Sie wollen** Deutsch lernen du **willst** Deutsch lernen	**Sie wollen** Deutsch lernen ihr **wollt** Deutsch lernen
3	er sie } **will** Deutsch lernen es	sie **wollen** Deutsch lernen

Infinitiv: **wollen**

25
Schreibschule

a   Herrliches Wasser! _Hier will ich schwimmen_ .

b   Miserables Café! _Hier wollen wir nicht frühstücken_ .

c   Exzellentes Restaurant! _____ .

d   Toller Strand! _____ .

e   Angenehme Firma! _____ .

f   Eiskaltes Zimmer! _____ .

g   Hartes Bett! _____ .

h   Herrlicher Park! _____ .

i   Blöder Chef! _____ .

k   So viel Schnee! _____ .

l   Ausgezeichnetes Hotel! _____ .

m   Interessante Stadt! _____ .

n   Tolle Disco! _____ .

o   Sehr gute Universität! _____ .

p   Katastrophale Firma! _____ .

26

Studie Ergänzen Sie *können|möchten|müssen|wollen*

a Sie _____ hier übernachten? Sie _____ Zimmer 4 haben.

Sie _____ hier unterschreiben, bitte.

b _____ du mir 20 Mark leihen? Ich _____ den „Rosenkavalier" sehen, aber

ich _____ die Karte heute unmöglich bezahlen.

c Sie _____ in Deutschland studieren? Da _____ Sie zuerst mindestens

sechs Monate Deutsch lernen, dann _____ Sie hoffentlich einen Studienplatz bekom-

men.

d Was, du _____ auch mit auf den Berg? Aber liebes Kind, in den dünnen Straßenschu-

hen _____ du unmöglich gehen. Da _____ du feste Schuhe kaufen!

e Ich _____ in Paris studieren, aber leider _____ ich so wenig Französisch.

Ich _____ jetzt einen Französischkurs besuchen.

f Sie _____ zuerst das Geld wechseln, wenn Sie telefonieren _____ . Sie

_____ natürlich nicht mit einem Zehnmarkschein bezahlen.

g Herr Sturm hat sieben Schnäpse getrunken. Jetzt _____ er nicht mehr nach Hause

gehen. Wir _____ ihn heimbringen.

27 ∞

Kleiner Dialog | Gastgeber: | Wo wollen Sie sitzen? Rechts, links, in der Mitte? |
Gast:	Ach, ich weiß nicht …
Gastgeber:	Bitte, Sie dürfen wählen.
Gast:	Ich darf wählen? Gut – hier.

28
Variation

Siegfried:	Rosen, Lilien, Glockenblumen? Was möchtest du?
Nike:	Oh, mein Schatz, ich weiß gar nicht ...
Siegfried:	Bitte, *du* _____ .
Nike:	_____ ? Also Rosen.

29
Elemente

MODALVERBEN

1	**ich** darf **wählen**		**wir** dürfen **wählen**
2	**Sie** dürfen **wählen** **du** darfst **wählen**		**Sie** dürfen **wählen** **ihr** dürft **wählen**
3	**er** **sie** } darf **wählen** **es**		} **sie** dürfen **wählen**

Infinitiv: **dürfen**

Bedeutung:

Ich darf wählen.	→ Es ist nicht verboten.
Ich darf keinen Alkohol trinken.	→ Es ist verboten.
Ich muß nicht wählen.	→ Ich kann – ich kann nicht. Aber keiner sagt „du mußt".

30 👓
Bitte
sprechen Sie

Sie trinken keinen Kaffee?
   → Leider darf ich keinen Kaffee trinken.

Sie nehmen kein Salz?
Sie essen keine Torte?   Sie essen keine Schokolade?
Sie rauchen nicht?   Sie trinken keinen Alkohol?
Sie nehmen keinen Zucker?   Sie nehmen keine Marmelade?
Sie trinken keinen Schnaps?   Sie trinken keinen schwarzen Tee?

31
Kombination

Finden Sie
viele Beispiele!

Sie dürfen	hier		laut sein!
Ihr dürft	im Wohnzimmer	nicht	Violine spielen!
Du darfst	nachts	auf keinen Fall	Radio hören!

32
Lesetext

Sabine ist acht. Sie schreibt alle Wörter klein. Korrigieren Sie Sabine und ergänzen Sie die großen Anfangsbuchstaben.

lieber papa,

kennst du die schweiz? mama und ich sind in der schweiz in einem kleinen hotel und essen jeden morgen viele semmeln mit butter und honig. das beste in der schweiz ist die schokolade. es gibt 20 sorten, wenn ich einmal viel geld habe, kaufe ich mir 20 schokoladetafeln. viele grüße

deine sabine

33
Variation

Liebe Diana,

viele Grüße aus der Schweiz! Wir (Marc und ich) waren eine Woche in St. Gallen u. hatten viel Spaß. St. Gallen ist eine alte Stadt m. vielen kleinen Läden u. Lokalen. Wir hatten ein richtiges Hotelzimmer m. Dusche u. Bad u. Fernseher – teuer, teuer! Am Abend waren wir natürlich immer in den Discos von St. Gallen, es gibt vier: den Africana Musikklub, den Säntisklub, die Seegerbar und das Set. Heute sind wir nach Zürich gefahren, hier bleiben wir, bis unser Geld aus ist. Bis bald

Deine Mona.

34
Textarbeit

Welche Sätze
stimmen?

(1) Mona und Marc sind in der Schweiz.
(2) Mona schreibt den Brief in Zürich.
(3) Marc und Mona waren sieben Tage in St. Gallen.
(4) Am Abend waren Marc und Mona beim Fernsehen.
(5) In St. Gallen gibt es viele kleine Cafés und Restaurants.
(6) Mona und Marc wollen noch zwei bis drei Monate in Zürich bleiben.

35

Elemente

DIE HILFSVERBEN:
PRÄSENS UND PRÄTERITUM

PRÄSENS

PRÄTERITUM

1	ich habe ein Zimmer wir haben ein Zimmer	ich hatte ein Zimmer wir hatten ein Zimmer	
2	Sie haben ein Zimmer Sie haben ein Zimmer du hast ein Zimmer ihr habt ein Zimmer	Sie hatten ein Zimmer Sie hatten ein Zimmer du hattest ein Zimmer ihr hattet ein Zimmer	
3	er sie } hat ein Zimmer } sie haben ein Zimmer es	er sie } hatte ein Zimmer } sie hatten ein Zimmer es	

Infinitiv: **haben**

PRÄSENS

PRÄTERITUM

1	ich bin in Bern wir sind in Bern	ich war in Bern wir waren in Bern	
2	Sie sind in Bern Sie sind in Bern du bist in Bern ihr seid in Bern	Sie waren in Bern Sie waren in Bern du warst in Bern ihr wart in Bern	
3	er sie } ist in Bern } sie sind in Bern es	er sie } war in Bern } sie waren in Bern es	

Infinitiv: **sein**

36

Ihre Rolle,
bitte

Sie zahlen Ihre Hotelrechnung.

Portier oder *Empfangsdame:*   *Gast:*

Wie lange waren Sie hier?   Ich war elf Tage hier.
Welches Zimmer hatten Sie?   Ich hatte Zimmer 47.
Sie hatten ...   Ich hatte drei Flaschen Rotwein ...

Das macht zusammen ...   Hier habe ich 300,— SF.
Sie bekommen ... zurück.

Jugendherbergen
für die Schule

Jugendherbergen
für Familien

Jugendherbergen
für Einzelgäste und
Jugendgruppen

Jugendherbergen
für Tagungen, Seminare
und Freizeiten

37
Kombination

	einen Kaffee.
	nur zwei Stunden in Basel.
	vier Tage in einer Jugendherberge.
	zwei Bier.
Wir hatten	drei Tramper.
Ich war	kein Geld.
Ich hatte	einen Monat in Genf.
Wir waren	allein.
	eine Limo.
	in St. Gallen.
	vier Tassen Kakao.
	zwei Betten.

38 ⊙⊙

Hören und
verstehen

1 Wo spielt die Szene?
2 Was bestellt Frau Räuber?
3 Wie viele Steaks bestellt Herr Schandi?
4 In der Szene gibt es zwei kleine Probleme. Welche?

Weitere Materialien zur Auswahl

39

Suchen und
finden

Die ganze Flasche ist leer.
→ Ja, tut mir leid, ich hatte Durst.

Der ganze Käse ist weg.
Die ganze Teekanne ist leer.
Der ganze Kuchen ist weg.
Du warst heute nacht in der Disco.
Alle Lichter im Haus brennen.
Der ganze Schinken ist weg.
Kein Wein mehr im Haus.

40

Werkstatt
in kleinen Gruppen

Sie leben in Kringen (Appenzell). Kringen liegt 680 m hoch am Kringer
See mit Alpenblick. Aber es gibt nur eine kleine Jugendherberge. Sie wollen
ein Hotel bauen. Wie muß das Hotel sein?
(1) Wie viele Betten muß das Hotel haben? Wie viele Zimmer mit Bad?
Mit Balkon? Wie viele Einzelzimmer? Doppelzimmer?
(2) Weg zum Hotel, Parkplatz?
(3) Wo muß das Hotel liegen?
(4) Garten?
(5) Welche Räume muß das Hotel haben?
(6) Wie viele Mitarbeiter? Wie müssen die Mitarbeiter sein?
(7) Beschreiben Sie ein Frühstück in Ihrem Hotel.
(8) Ein Menü in Ihrem Hotel.

41 ⊙⊙
Szene

Frau Cornflake:	Ich bin die neue Untermieterin. Mein Name ist Cornflake.
Frau Weck:	Weck.
Frau Cornflake:	Ah, Frau Weck.
Frau Weck:	Wie lange möchten Sie hier wohnen, Frau Cornflake?
Frau Cornflake:	Zwei Monate.
Frau Weck:	Aber bitte, Frau Cornflake, waschen Sie nicht im Zimmer, rauchen Sie nicht, musizieren Sie nicht …
Frau Cornflake:	Ich weiß, ich weiß, ich darf nicht waschen, ich darf nicht rauchen, ich darf nicht telefonieren, ich darf keine Besuche empfangen, ich muß meine Schuhe immer sofort ausziehen, ich darf nicht musizieren …
Frau Weck:	Genau.
Frau Cornflake:	Darf ich singen?
Frau Weck:	Bitte nicht! Ich kann es nicht hören! Meine Nerven, meine Nerven!
Frau Cornflake:	Darf ich denken?
Frau Weck:	Was denn? Was wollen Sie denn denken?
Frau Cornflake:	Das sage ich nicht.

42
Textarbeit

1   Hier ist alles verboten. Geben Sie Beispiele.
2   Schreiben Sie eine Postkarte an Frau Weck.

131

43
Kontrolle

a   Das Bad ist besetzt.   Wann *ist es wieder frei* ?

b   Die Apotheke ist geschlossen.   Wann _____ ?

c   Der Chef ist weg.   Wann _____ ?

d   Auf Wiedersehen!   Wann _____ ?

e   Moment, ich muß noch den Brief schreiben.   Wann _____ ?

f   Ich habe jetzt keine Zeit.   Wann _____ ?

g   Sie möchten ein Visum nach Washington?   Ja, wann _____ ?

h   Wir können Ihre Uhr reparieren.   Wann _____ ?

i   Heute kann ich die Rechnung nicht bezahlen.   Wann _____ ?

k   Helmut studiert.   Wann _____ ?

l   Um 7 Uhr fährt Ihr Zug nach Zürich ab.   Wann _____ ?

10 Lösungen

Phonetisches Zwischenspiel

1 ⊙⊙
Bitte   fahren   →   Waren
hören Sie   Fest   West
                   vier   wir
                   von   wo

2 ⊙⊙
Bitte   Waren   →   fahren   →   Waren
sprechen Sie   wir   vier   wir
                   West   Fest   West
                   wo   Telefon   wo

3 ⊙⊙

Bitte
hören Sie

Baß	→	was
bitte		wie
Bahn		wann
Boot		wo

w

4 ⊙⊙

Bitte
sprechen Sie

Boot	→	wo
Berlin		wer
Bonn		wohnen
bitte		wie

5

Elemente

Wir sprechen **V** fast immer wie F

V**W** = Vau We

6 ⊙⊙

Bitte
lesen Sie

Viel Vergnügen!
Ich fahre nach Frankreich.
Ich verstehe Französisch.
Ich frage Herrn Vogel.
Ich fliege nach Frankfurt.
Ich fahre VW.
Viel Vergnügen in Friedrichshafen!
Ich frage Frau Vetter.

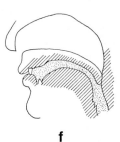

f

7 ⊙⊙

Bitte
sprechen Sie

wundervoll
Schlafwagen
Auf Wiedersehen!
Fahrweg

Ich fliege nach Wien.
Wo ist der Fußball?
Wohin fahren Sie?
Ich fahre nach Würzburg.

Wie bitte?
Wo ist der Bahnhof?
Ich wohne in Bonn.
Wo ist die Post?

1

2

3

4

5

6

7

8

Kapitel 8

Materialien zur Auswahl

1 👓
Bild-
geschichte G

VERKEHR

1   Dieser Mann braucht kein Auto. Er geht zu Fuß und ist glücklich.

2   Diese Herren haben sehr schöne Pferde – so schön wie sie selbst.

3   Nicht jeder hat ein Pferd, leider! Wir müssen den Zug nehmen.

4   Oder den Bus.

5   Fahren Sie gern U-Bahn? Sie sind schnell am Ziel, aber leider sehen Sie nichts.

6   So ein Schiff ist wie eine kleine Stadt. Hier gibt es alles: Kino, Restaurant, Tanzcafé.

7   Was ist das? Ein Ballon! Sehr romantisch!

8   Dieser Ballon fliegt direkt zum Himmel.

2
Studie

Bitte ergänzen Sie *dieser, diese, dieses*

	Frage:	Antwort:
a	Ist das dein Auto?	Nein, *dieses* _____ hier.
b	Geht diese Bahn nach Frankfurt?	Nein, nein, _____ da.
c	Wer will mitfahren?	_____ Leute hier.
d	Welches Schiff geht nach Helsinki?	_____ .
e	Das ist dein Fahrrad?	Nein, _____ da.
f	Bitte, wo geht es nach Köln?	_____ Straße hier!

3

Elemente

DAS DEMONSTRATIVUM
dieser   diese   dieses

	SINGULAR			PLURAL
	maskulin	feminin	neutrum	
Nominativ Akkusativ	**diese**r **diese**n	} **diese**	} **diese**s	} **diese**

4

Studie

Ergänzen Sie
das Demonstrativum

a   Nehmen wir _____*diesen*_____ Bus hier?

b   Was kostet _____ Fahrrad?

c   _____ Mann kenne ich nicht.

d   Bitte, fährt _____ Zug nach Prag?

e   _____ Mann ist Lastwagenfahrer, er fährt täglich 600 km.

f   _____ Straße geht nach Wien.

g   _____ Mädchen schwimmt 1200 km im Jahr.

h   Komm schnell, wir nehmen _____ Straßenbahn!

Kernprogramm

5
Elemente

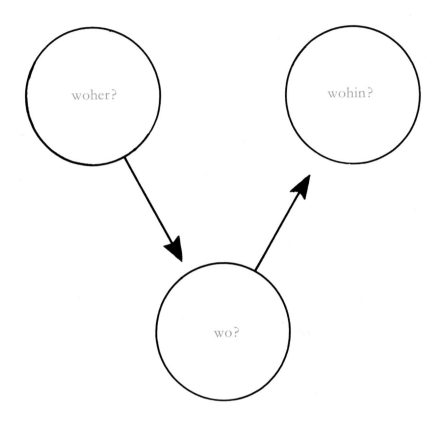

Frage:

Woher kommen Sie?

Wo wohnen Sie?

Wohin fahren Sie?

Antwort:

{ **Aus Indien.**
{ **Von Köln.**

{ **In Frankfurt.**
{ **Bei Familie Wrobel.**

{ **Nach Paris.**
{ **Zum Flughafen.**

6

Studie

Ergänzen Sie
woher, wo, wohin

a _____ wohnst du?   Amalienstraße 4.

b _____ fährst du?   Nach Salzburg.

c _____ arbeiten Sie?   Bei Bayer in Leverkusen.

d _____ gehen wir heute abend?   Vielleicht ins Cabaret.

e _____ hält der Bus?   Hier gleich links.

f _____ kommst du so spät?   Von Eva.

g _____ studiert ihr?   In Göttingen.

h _____ fährt die Straßenbahn?   Nach Schwabing.

i _____ ist das Buch?   Aus der Universitätsbibliothek.

k _____ kommt ihr?   Vom Stadion.

7

Kombination

Bonn und zurück, was kostet das?	180 DM.
Wohin wollen Sie?	Bei meinen Eltern.
Wie lange bleiben Sie in Bremen?	Die Rückfahrkarte kostet 210 DM.
Wo wohnen Sie?	Nach Frankfurt.
Einmal München einfach. Das kostet?	Drei Tage.

8

Suchen
und finden

mündlich und/oder
schriftlich

Finden Sie die richtigen Fragen:

In Dortmund.
Nach Kopenhagen.
Bei der Commerzbank.
Nach Schweden.
Aus Sizilien.
In der Bonner Allee.
Bei Siemens.
Vom Theater.
Nach Singapur.
Bei Familie Lehner.

9

Kombination

Wann fährt der nächste Zug nach Prag?	Einfach oder hin und zurück?
Wohin möchten Sie?	9.40 Uhr.
Nach Düsseldorf und zurück, bitte.	Ja, in der Mitte des Zuges.
Zweimal München.	Eine Rückfahrkarte: 78,— DM.
Hat der Zug einen Speisewagen?	Nach Basel.

10 oo

Bitte
sprechen Sie

Da kommt der Bus!
→ Das ist nicht unser Bus.

Da kommt die Straßenbahn!
Da kommt das Taxi!

Da kommt der Zug! Da kommt die Suppe!
Da kommt der Doktor! Da kommt der IC!
Da kommt die Chefin! Da kommt die Maschine!

11

Suchen
und finden

Die Straße ist schlecht.
→ Ich finde sie gut.

Der Zug ist schlecht.
Die Stewardess ist unfreundlich. Die Bedienung ist freundlich.
Das Schiff ist groß. Der Herr ist interessant.
Der Wagen ist gut. Die Suppe ist kalt.
Der Ober ist schlank. Der Speisewagen ist leer.

Zur folgenden Europakarte:
Bitte beschreiben Sie die Personen.
Vielleicht wissen Sie auch die Namen einiger Instrumente?

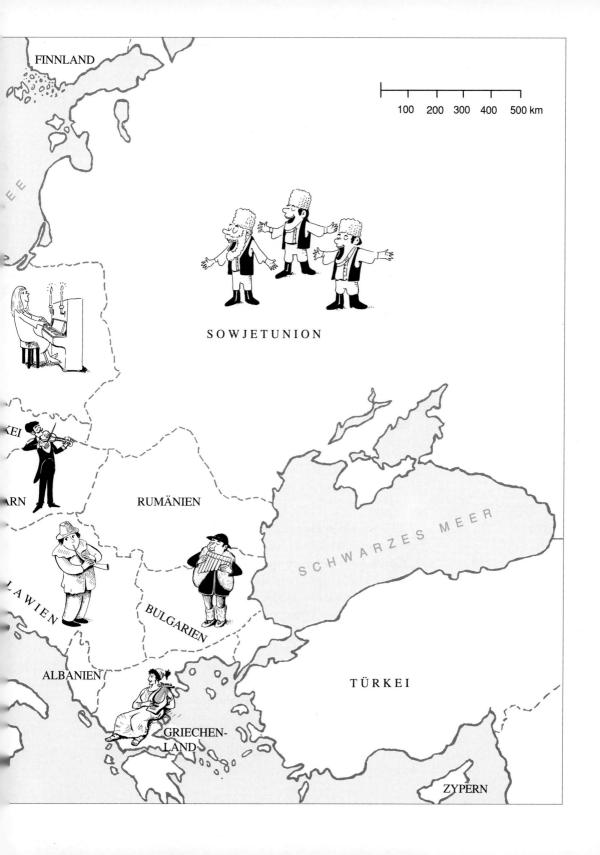

12 ⊙⊙
Lesetext

Haben Sie einen Globus? Da sehen Sie, wie klein Europa ist. Europa
ist nur eine Halbinsel von Asien. Für Europa sagen wir oft auch
„Abendland", denn es ist ja der Westen der „Alten Welt". Europa
ist ungefähr so groß wie die USA, aber dieses kleine Europa spricht
5   80 Sprachen und hat 30 Staaten.

Die europäischen Grenzen sind: im Westen der Atlantische Ozean, im
Süden das Mittelmeer, im Südosten das Schwarze Meer, im Osten der
Ural und im Norden das Eismeer.

Ungefähr 35% der Europäer sprechen slavische Sprachen, 30% germa-
10 nische, 25% romanische Sprachen. Kleinere Sprachgruppen sind die
baltische, die finnisch-ugrische, die griechische, die keltische und die
türkische.

Die direkten Nachbarn Deutschlands sind: Dänemark, Polen, die
Tschechoslowakei, Österreich, die Schweiz, Frankreich, Luxemburg,
15 Belgien und Holland.

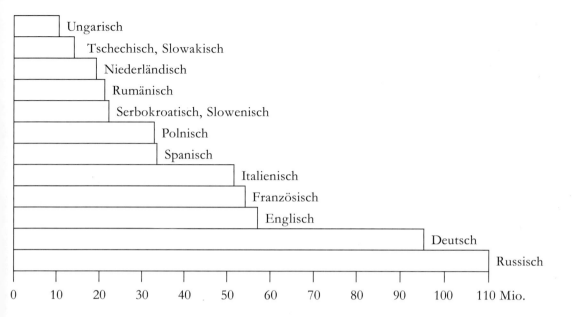

13
Kombination

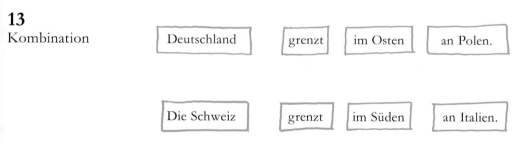

Bauen Sie viele Sätze.

14
Unterhaltung

Schüler – Schüler

a Was ist Ihre Muttersprache? Wo spricht man diese Sprache?
b Welche Fremdsprache sprechen Sie?
c Welche Nachbarn hat Ihr Land?
d Gibt es Sprachminoritäten in Ihrem Land?

143

15

Unterhaltung   Schüler – Schüler

Frage: Antwort:

| Warum fahren Sie denn | nach Österreich?
 in die Schweiz?
 in die Türkei?
 nach Schweden?
 nach Griechenland?
 nach Deutschland?
 in die USA?
 nach Spanien?
 nach Marokko?
 in die Sowjetunion?
 nach Portugal?
 …

 … | Da | sind

 ist | die Inseln <br> das Essen <br> die Natur <br> die Tempel <br> die Preise <br> die Männer <br> der Fisch <br> die Folklore <br> die Hotels <br> die Mädchen <br> die Abende <br> die Luft <br> die Geschäfte <br> die Jugend-
 herbergen <br> das Wasser | besonders <br> so <br> noch <br> enorm | frisch <br> billig <br> schön <br> grün <br> elegant <br> hübsch <br> interessant <br> toll <br> still <br> frei <br> sauber <br> ruhig |

Finden Sie neue Wörter und Beispiele!

16

Studie

Bitte unterscheiden
Sie genau
fahren/fliegen/gehen

Auto __*fahren*__ .

ins Bett __*gehen*__ .

mit der Lufthansa __*fliegen*__ .

Bus _____ .

Mercedes _____ .

mit Panam _____ .

in den Garten _____ .

Straßenbahn _____ .

mit Swissair _____ .

Schiff _____ .

zum Abendessen _____ .

ins Bad _____ .

nach Honolulu _____ .

U-Bahn _____ .

mit dem IC _____ .

mit dem Lift _____ .

auf den Balkon _____ .

Motorrad _____ .

Boot _____ .

mit einer Boeing _____ .

S-Bahn _____ .

auf die Toilette _____ .

17
Elemente

REGELMÄSSIGE UND UNREGELMÄSSIGE VERBEN

regelmäßig: unregelmäßig:

ich rede	wir reden
Sie reden	Sie reden
du redest	ihr redet
er sie es } redet	} sie reden

ich spreche	wir sprechen
Sie sprechen	Sie sprechen
du sprichst	ihr sprecht
er sie es } spricht	} sie sprechen

ich frage	wir fragen
Sie fragen	Sie fragen
du fragst	ihr fragt
er sie es } fragt	} sie fragen

ich fahre	wir fahren
Sie fahren	Sie fahren
du fährst	ihr fahrt
er sie es } fährt	} sie fahren

Wichtige unregelmäßige Verben:

essen (er ißt)
geben (er gibt)
lesen (er liest)
nehmen (er nimmt)
sprechen (er spricht)
treffen (er trifft)

fahren (er fährt)
fallen (er fällt)
halten (er hält)
laufen (er läuft)
schlafen (er schläft)
tragen (er trägt)

18

Studie

Bitte ergänzen Sie
fahren|fliegen|gehen

a _____ du mit dem Bus oder _____ du zu Fuß?

b _____ ihr mit in die Oper? Wir können mit

meinem Wagen _____ .

c Achtung! Ein alter Mann _____ über die Straße! Kannst

du nicht etwas vorsichtiger _____ ?

d Wir müssen zu Fuß _____ ,

die Straßenbahn _____ heute nicht mehr.

e Ach, Max _____ jeden Abend ins Hofbräuhaus.

f Der Alte _____ heute mit dem Nachtzug nach Brüssel.

10 Lösungen

19 ⊙⊙
Bitte
sprechen Sie

Auch als
schriftliche Übung
geeignet

Der Zug muß doch endlich kommen!
→ Bestimmt kommt er gleich.

Der Bus muß doch bald halten!
Das Taxi muß doch endlich kommen!
Also das Baby muß jetzt endlich schlafen.
Hoffentlich gehen die Gäste bald!
Wir müssen doch bald landen?
Warum springt Fritz nicht ins Wasser?
Ich warte schon zwei Stunden auf den Arzt.

20 ⊙⊙
Bitte
sprechen Sie

Auch als
schriftliche Übung
geeignet

Ich muß nach Tiflis fliegen.
→ Fliegst du allein?

Ich muß nach Rom fahren.
Ich muß noch meinen Nachtisch essen.
Ich muß heute noch 5 km laufen.
Ich muß noch die Torte essen.
Ich muß morgen im Fernsehen sprechen.
Ich muß morgen meine Freundin treffen.
Ich muß jetzt nach Zürich fahren.

21

Unterhaltung

fakultativ

Intercity oder Auto?

	IC (=Intercity)		Auto (VW Golf CL)	
Hamburg–München ca. 820 km	7 Stunden 33 Min.	174 DM	ca. 8 Stunden	328 DM
Karlsruhe–Dortmund ca. 450 km	4 Stunden 15 Min.	98 DM	ca. 7 Stunden	180 DM

Fahrtkosten Zug 2. Klasse. Fahrtkosten Auto: 0,40 DM pro km

Sammeln Sie in kleinen Gruppen die Vorteile und Nachteile der Bahnfahrt.
der Autofahrt.

Denken Sie an   Preis,
Bequemlichkeit,
Sicherheit,
Geschwindigkeit,
Gepäck,
Wartezeiten,
Entfernung Wohnung – Bahnhof …

22

**Bitte
sprechen Sie**

Lesen Sie die Uhrzeiten, die diese Uhren anzeigen:

23

Elemente

DIE UHRZEIT

Ich schreibe:	Ich sage:
19.15	**neunzehn Uhr fünfzehn**
19.48	**neunzehn Uhr achtundvierzig**

24 ☺☺

Kleiner Dialog

Tante Emmy:	Bitteschön, wann fährt der nächste Zug nach Kassel?
Beamter:	10 Uhr 27.
Tante Emmy:	Und wo fährt der Zug?
Beamter:	Gleis 13.
Tante Emmy:	Ist das ein Eilzug?
Beamter:	Das ist ein Schnellzug.
Tante Emmy:	Entschuldigung, noch eine Frage: Wann bin ich in Kassel?
Beamter:	Um 12 Uhr 40.
Tante Emmy:	Danke.

Zeit	Zug Nr.	Abfahrt Frankfurt (M) Hbf in Richtung	Gleis
10.20 ⭐ 821 ✕		*Donau-Kurier* Würzburg 11.40–Nürnberg 12.43–Regens- burg 14.09–Straubing 14.34–Plattling 14.49– Passau 15.21 ☉ Linz 16.53–**Wien Westbf 19.15** 🍴 2. Kl Pocking 16.25–Pfarrkirchen 17.11	6
①bis⑥ **10.23** ⭐ 576 ✕ { nicht 25. XII. bis 1. I., 25. bis 27. III., 1., 15. V.		*Schauinsland* Fulda 11.26–Göttingen 12.46– Hannover 13.45–Hamburg Hbf 15.01– Hmb Dammtor 15.07–**Hamburg-Altona 15.15** ☉	7
10.24 D 2816 🛏 ♀		ohne Halt bis Gießen 11.01–Wetzlar 11.16– Dillenburg 11.33–Siegen-Weidenau 11.55– Finnentrop 12.27–Hagen 13.13–Schwerte 13.33– Unna 13.44–Hamm 13.57–Münster 14.20– Rheine 14.50 ☉Leer 16.02–Emden 16.19– Norddeich 16.51–**Norddeich Mole 16.55**	14
10.24 Ⓢ	**S6**	Bad Vilbel 10.42–**Friedberg** nur S **11.00**	Ⓢ
W **10.27** Ⓢ	**S1**	Ff-Höchst 10.35–**Wiesbaden 11.05**	Ⓢ
W **10.29** Ⓢ	**S4**	Niederhöchstadt 10.45–**Kronberg 10.50**	Ⓢ
10.29 7822 🛏 8) → an ⑥ und S als 8890 ← → an S 2. Kl. ←	**S8**	Offenbach 10.38–Hanau 10.52– **Gelnhausen** W außer ⑥ **11.15**	9
10.31 E 3235	**S12**	Langen 10.41–Darmstadt 10.51–Bens- heim 11.06–Heppenheim 11.10–Weinheim 11.18– Ladenburg 11.24–Mh-Friedrichsfeld 11.30– Heidelberg 11.38 ☉ Eberbach 12.16–Bad Fried- richshall-Jagstf 12.49–**Heilbronn 13.01** 🍴 Stuttgart 14.00	11
10.33 Ⓢ	**S15**	✈ **Ffm Flughafen 10.43**	21
W **10.34** Ⓢ	**S5**	Bad Homburg 10.53–**Friedrichsdorf 10.59**	Ⓢ
W **10.37** Ⓢ	**S2**	**Hofheim 10.55**	Ⓢ
S **10.39** Ⓢ	**S3**	Niederhöchstadt 10.55–**Bad Soden 11.02**	Ⓢ
W **10.42** Ⓢ	**S14**	✈ Ffm Flughafen 10.52–Mainz 11.21– **Wiesbaden 11.38**	Ⓢ
10.43 ⭐ 71 ✕		*Rätia* Mannheim 11.26–Karlsruhe 11.56– Offenburg 12.30–Freiburg 13.00– Basel Bad Bf 13.36–Basel SBB 13.43 ☉ Zürich HB 15.00–**Chur 16.41**	7

25

Ihre Rolle,
bitte

- Sie planen eine Reise. Sie brauchen diese Informationen:
  - Wann fährt der Zug?
  - Wo fährt der Zug?
  - Wann ist der Zug am Ziel?
- Führen Sie Gespräche: Der Fahrgast fragt, der Beamte antwortet.
  - Ich will nach Regensburg. Es ist jetzt 10 Uhr.
  - Ich will nach Hamburg. Es ist jetzt 10 Uhr.
  - Ich will nach Heidelberg. Es ist jetzt 10¹⁵ Uhr.
  - Ich will zum Flughafen. Es ist jetzt 10²⁰ Uhr.
  - Ich will nach Zürich. Es ist jetzt 10³⁵ Uhr.

26

Ihre Rolle,
bitte

Benützen Sie einen aktuellen Fahrplan oder Flugplan. Einer sagt seine Wünsche. Die anderen suchen die beste Verkehrsverbindung.

27 ⊙⊙

Szene

fakultativ

Christine:	Huh, diese Kälte! Ha-tzi! Warum hält denn kein Auto?
Uri:	Und so ein Regen! Keiner hält.
Christine:	Und ich habe kein Taschentuch! Du – der hält! Schnell!
Herr Kupfer:	Wohin wollen Sie denn so spät?
Uri:	Dürfen wir mitfahren?
Herr Kupfer:	Ich fahre nach Karlsruhe. Steigen Sie ein!
Christine:	Tausend Dank!
Herr Kupfer:	Karlsruhe, das sind 18 km von hier.
Christine:	Ha-tzi! Haben Sie vielleicht ein Taschentuch für mich?
Herr Kupfer:	Hier, bitte. Wo wollen Sie denn hin, nachts um zehn?
Uri:	Nach Casablanca.
Herr Kupfer:	Nach Casablanca? Jetzt im Oktober? Ohne Mantel?
Uri:	Klar.
Herr Kupfer:	Per Anhalter?
Christine:	Klar.
Herr Kupfer:	Sind Sie verrückt? Casablanca, das sind ungefähr – ungefähr 4000 km.
Christine:	Nein! Uri!
Uri:	Kein Problem.
Christine:	Uri, vielleicht – vielleicht bleiben wir in Karlsruhe, Uri, hm?

28 fakultativ

Textarbeit

   a   Geben Sie der Szene eine Überschrift.

   b   Wo spielt die Szene?

   c   Zu welcher Jahreszeit spielt die Szene?

   d   Wo übernachten die beiden heute?

29 fakultativ

Ihre Rolle,
bitte

Am nächsten Tag entscheiden die beiden, was sie tun wollen. Es gibt viele Möglichkeiten. Spielen Sie die Gespräche zwischen Christine und Uri.

30

Elemente

DAS PERFEKT

So bauen wir das Perfekt:

	Hilfsverb		*Partizip*
Ich bin mit der Lufthansa gekommen.	bin	....	**gekommen**
Ich bin um 11.20 in Frankfurt gelandet.	bin	....	**gelandet**
Ich habe in Frankfurt Kaffee getrunken.	habe	....	**getrunken**
Ich habe den „Römer" gesehen.	habe	....	**gesehen**

Perfekt mit **ich bin**:

WECHSEL

● ──────→ ●
A   B

Ich bin .... **gekommen.**
Ich bin .... **gelandet.**

und zwei spezielle Verben:

Ich bin .... **gewesen.**
Ich bin .... **geblieben.**

Perfekt mit **ich habe**:

Alle anderen Verben

Ich habe .... **getrunken.**
Ich habe .... **gesehen.**
Ich habe .... **gekauft.**
Ich habe .... **geschrieben.**
...
...

Ausführliche Darstellung in der GRUNDGRAMMATIK DEUTSCH Seite 26/27

31

Studie

Bitte ergänzen Sie
die Hilfsverben
haben oder *sein*

a Wann ___sind___ Sie gelandet?

b Wie lange _____ Sie in Frankfurt geblieben?

c Wo _____ Sie übernachtet?

d _____ Sie sich mit Deutschen unterhalten?

e Ich hoffe, Sie _____ gut gegessen?

f _____ Sie auch auf dem Markt gewesen? Und _____ Sie was
gekauft?

g _____ Sie den Palmengarten gesehen?

h _____ Sie auch auf der Frankfurter Messe gewesen?

32
Studie

Mechthild ist im Kunstgewerbe tätig, sie malt und macht Puppen und Theaterkostüme. Sie __*hat*__ uns die Frankfurter Museen gezeigt. Fast alle Museen liegen am Mainufer. Wir _____ mit Mechthild über die Mainbrücke gegangen und _____ zuerst das Kunstgewerbemuseum besucht, Mechthild _____ uns alles erklärt.

In der Innenstadt _____ wir sehr schöne alte Brunnen und Parks gesehen, aber auch scheußliche Hochhäuser. In Frankfurt gibt es viele Verlage, Druckereien, Buchhandlungen und Antiquariate, in einem Antiquariat _____ ich für meinen Professor ein wertvolles Buch gekauft.

Zum Schluß _____ wir in ein Gartenlokal gegangen und _____ Apfelwein getrunken, eine Frankfurter Spezialität. Ich _____ nur ein Glas getrunken, aber die Frankfurter finden das wundervoll.

33 ⊙⊙

Bitte
sprechen Sie

Auch als schriftliche
Übung geeignet

Hast du was gesehen?

→ Ich habe alles gesehen.

Hast du was gelesen?
Hast du was gehört?   Hast du was gefunden?
Hast du was getrunken?   Hast du was verstanden?
Hast du was gezahlt?   Hast du was gelernt?
Hast du was gekauft?   Hast du was gegessen?

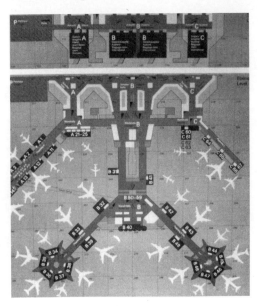

34

Suchen
und finden

Auch als schriftliche
Übung geeignet

Wann landet die Maschine?

→ Sie ist schon gelandet.

Wann startet die Maschine?
Wann kommt der Zug?   Wann kommen die Kollegen?
Wann kommt Mechthild?   Wann geht der Chef?
Wann fährt der IC?   Wann fährt der Bus?
Wann kommt die Post?   Wann kommen Christine und Uri?

35 ⊙⊙

Hören
und verstehen

Wann gibt es *Nachrichten* im Hessischen Rundfunk?

Das Bild zeigt einen Plan der Flugsteige (Gates) am Frankfurter Flughafen.

Weitere Materialien zur Auswahl

36

Lesetext

eingeführt als Lückendiktat (Diktattext im Lehrerheft)

Dreihundert ___Flugzeuge___ landen hier täglich, fünfzig davon sind Jumbo-Jets.

Darum _____ die Frankfurter _____ Flughafen auch „Jumbo-Bahnhof".

Jährlich laufen _____ Tonnen Luftpost und _____ Fluggäste

durch den Frankfurter Flughafen.

Von _____ Katastrophen wollen wir schweigen, hier _____ wir

Ihnen einige kleine.

● Eine Frau, die unter Drogen steht, will nicht mit der _____

sprechen. Wir bringen sie in die _____ .

● Ein sizilianischer Junge, 6 Jahre alt, hat seine _____ verloren und seine

_____ vergessen. Wir geben ihm eine _____ Tee und bringen ihn

zum Sozialdienst.

● Ein Mann, der nur einen _____ trägt, bekommt Kleider.

● Ein Holländer aus Manila hat alle seine _____ im Koffer, und der Koffer ist

nicht mitgekommen. Wir _____ in Amsterdam an.

Täglich braucht mindestens ein _____ feste Schuhe, einen warmen Pullover

oder einen Mantel. Denn sehr viele Leute wissen nicht, wie kalt es in Frankfurt ist.

15 Lösungen

37

Textarbeit

a Wer hat den Text ge-
schrieben?

☐ Ein Mann von einem Kleiderladen.
☐ Ein Mann von der Lufthansa.
☐ Ein Mann von der Post.

157

b Warum wissen viele
   Leute nicht, wie kalt
   es in Frankfurt ist?

☐ Sie kommen aus warmen Ländern.
☐ Sie haben kein Geld.
☐ Sie kommen aus Rußland.

c Warum spricht der
   Textautor nicht von den
   großen Katastrophen?

☐ Es gibt keine großen.
☐ Er kennt keine großen.
☐ Er will nicht von den großen sprechen.

Frankfurter Messe (1696)

In diesem Haus ist Goethe 1749 geboren

38

Lesetext

Messeplatz war Frankfurt schon 1074, lange vor Leipzig, der anderen großen deutschen Messestadt. Unglaublich viele Schillinge, Pfund, Kronen, Gulden, Franken, Mark, Rubel, Escudos, Drachmen, Pesetas sind durch die Hände der Frankfurter Kaufleute gegangen. Eine so bedeutende Messe braucht
5 Geldwechsler; schon 1403 hat die erste Frankfurter Bank ihre Arbeit aufgenommen. Martin Luther hat Frankfurt ein gefährliches Gold- und Silberloch genannt. Und ein Frankfurter, der vom Geld nichts versteht, ist sicher kein Frankfurter.

Das gilt auch für den bekanntesten Sohn der Stadt, Johann Wolfgang von
10 Goethe. Er beschreibt – im zweiten Teil seines „Faust" – das Geld als ein Produkt des Teufels. Aber er selbst hat nie in seinem Leben gehungert.

39

Textarbeit

Zum Text
Nummer 38

a Unser Text hat mindestens vier Themen. Nennen Sie diese Themen.

b Die beiden wichtigsten deutschen Messestädte sind ...

c Wo liegen diese beiden Städte?

d Welche Arten von Messen gibt es? Sagen Sie alles, was Ihnen einfällt.

e Wo finden in Ihrem Land Messen statt?

f Geben Sie unserem Text eine Überschrift.

40

Lesetext

Wetter in Europa

Lage am 2. März um 13 Uhr

Zürich Regen 8; Basel stark bewölkt 13; Bern Regen 9; Genf Regen 11; Sitten Regen 7; Locarno leicht bewölkt 12; Säntis Nebel –3; Paris stark bewölkt 9; London schön 9; Dublin schön 9; Amsterdam Regen 6; Brüssel Regen 7; Frankfurt Nebelregen 10; München Regen 7; Berlin stark bewölkt –7; Hamburg stark bewölkt –6; Kopenhagen leicht bewölkt –5; Oslo schön –14; Reykjavik 3; Stockholm schön –11; Helsinki Schneefall –15; Innsbruck Regen 4; Wien Schneefall –8; Prag Schneefall –8; Warschau –12; Moskau schön –15; Budapest schön –5; Belgrad stark bewölkt –1; Athen schön 14; Istanbul stark bewölkt 6; Palermo leicht bewölkt 17; Rom stark bewölkt 13; Mailand schön 12; Nizza leicht bewölkt 13; Palma de Mallorca stark bewölkt 16; Madrid stark bewölkt 15; Malaga schön 20; Lissabon schön 19; Las Palmas schön 27.

Neue Zürcher Zeitung

41

Suchen
und finden

mündlich und/oder
schriftlich

Gestern hat es geschneit	Heute ist es schön
Gestern war es kalt	Heute ist es warm
Gestern hatten wir Nebel	Heute haben wir Sturm
...	...

die Wolke, Wolken	regnen	geregnet	sonnig
der Regen	schneien	geschneit	schön
der Schnee	stürmen	gestürmt	bewölkt
der Nebel			neblig
der Wind			naß
der Sturm			kalt
der Donner			kühl
die Sonne			warm

42

Kombination

Bauen Sie aus zwei Wörtern ein Wort

Beispiel: der Apfel + der Wein → der Apfelwein

der Schinken	der Direktor	das Buch	die Handlung
die Medizin	die Bank	das Auto	die Fahrt
der Brief	das Brot	die Speise	die Messe
die Bank	die Tasche	die Probe	der Wagen
der Park	der Student	die Kunst	das Museum
die Hand	das Papier	die Industrie	das Rennen

43

Das richtige
Wort

Finden Sie die Grundwörter

Beispiel: der Winterpullover ← der Winter + der Pullover

a   der Geldwechsel   ← _____

b   das Taschentuch   ← _____

c   die Schokoladetafel   ← _____

d   die Hotelrechnung   ← _____

e   die Straßenbahn   ← _____

f   der Flughafen   ← _____

g   das Theaterkostüm   ← _____

h   die Universitätsbibliothek   ← _____

i   die Muttersprache   ← _____

k   das Vaterland   ← _____

44

Das richtige Wort   die Kleider, der Ort, das Geld, der Partner,
der Zug, die Nationalität, die Wohnung,   Was kann man *nicht wechseln?*
die Mutter, die Schuhe, das Auto

Wohnung, Jugendherberge, Bett, Hotel,   Wo kann man *nicht übernachten?*
Auto, Schlafzimmer, Telefon, Schweiz,
Fahrrad, Schlafwagen

das Hemd, die Strümpfe, der Teller,   Was kann man *nicht waschen?*
der Pullover, das Baby, die Haare, die
Tomaten, der Wein, die Haut, die Abendzeitung

45

Kontrolle

a Bitte ergänzen Sie *geben* oder *nehmen* oder *treffen*

1 Ach, es ist so spät, ich _____ ein Taxi.

2 Wo _____ wir uns wieder? Im Bahnhofscafé?

3 _____ du den Bus oder die Bahn?

4 Die U-Bahn kommt. _____ du mir bitte das Ticket?

5 Bitte können Sie mir mal den Fahrplan _____ ?

6 Wann _____ du Maria wieder?

Jede Lösung 1 Punkt

b Schreiben Sie die Fragen   Antwort:

7 _____ ?   Der S-Bahnhof ist 50 m von hier.

8 _____ ?   14.30 Uhr.

9 _____ ?   Gleis 7.

10 _____ ?   Ich studiere Chemie.

11 _____ ?   Nach Bonn.

12 _____ ?   Zwanzig.

13 _____ ?   Hofmannstraße 14.

Jede Lösung 2 Punkte
Teil a + Teil b zusammen 20 Punkte

Phonetisches Zwischenspiel

u ü i

1 ⊙⊙

Bitte
hören Sie

die Bücher	→	das Buch
die Brüder		der Bruder
die Füße		der Fuß
die Grüße		der Gruß

das Buch	→	die Bücher
der Bruder		die Brüder
der Hut		die Hüte
fuhr		für

2 ⊙⊙

Bitte
sprechen Sie

Blume	→	blühen
Gruß		grüßen
Hut		Hüte
Buch		Bücher

blühen	→	Blume
Tür		Uhr
Blume		Frühling
Süden		suchen

3 ⊙⊙

Welches Wort
hören Sie?

1 a ☐ Bruder
   b ☐ Brüder

2 a ☐ Tuch
   b ☐ Tücher

3 a ☐ Schüler
   b ☐ Schule

4 a ☐ Füße
   b ☐ Fuß

5 a ☐ Grüße
   b ☐ Gruß

6 a ☐ fuhr
   b ☐ für

7 a ☐ suchen
   b ☐ Süden

8 a ☐ Uhr
   b ☐ Tür

162

4 ⊙⊙

Bitte
hören Sie

Tier	→	Tür
Kiel		kühl
vier		für
Frieden		früh

5 ⊙⊙

Bitte
sprechen Sie

Schule	→	Schüler
vier		für
Gruß		Grüße
Buch		Bücher

Bruder	→	Brüder
Tier		Tür
Frieden		Frühling
Blume		blühen

6 ⊙⊙

Bitte
sprechen Sie

spielen und üben
Viel Vergnügen!
Ich suche die Tür.
Die Blumen blühen.

Frühlingsluft
Kuchenstück
Ich grüße Sie.
viele gute Bücher

1

2

3

4

5

6

7

8

Kapitel 9

Kernprogramm

1

Bild-
geschichte H

KÖLN

1　Viertel nach sieben. Der Tag beginnt.

2　Wir sind in Köln. Die Leute fahren zur Arbeit.

3　Halb eins.

4　Die Leute machen Pause. Sie trinken ein Bier, nehmen einen Imbiß, rauchen eine Zigarette.

5　Viertel vor fünf. Feierabend.

6　Die Kölner gehen bummeln, einkaufen, Schaufenster anschauen, Kaffee trinken.

7　Halb neun am Abend.

8　Der Kölner Nachthimmel. Die alte und die neue Zeit.

Das Bild zeigt das Wallraf-Richartz-Museum und den Dom in Köln.

2
Elemente

DIE UHRZEIT

Viertel nach zwölf
= 12.15
oder
0.15

halb drei
= 2.30
oder
14.30

halb neun
= 8.30
oder
20.30

Viertel vor sieben
= 6.45
oder
18.45

3
Studie

a   Wann ist Feierabend?

Um 16.30. Um ___*halb fünf*___ .

b   Wann dürfen wir kommen?

Die Party beginnt um halb acht. Um ___*19³⁰*___ .

c   Ist das Frühstück fertig?

Nein, erst um 9.15. Um _____ .

d   Wann beginnt das Konzert?

Um Viertel nach acht. Um _____ .

e   Also wir treffen uns am Flughafen!

Gut, um 11.30. _____ .

f   Bitte, meine Damen und Herren, die Vorlesung beginnt,

es ist _____ ! 11.15 Uhr!

g   Halb fünf. _____ . Die Bank wird jetzt

geschlossen.

h   Mittagessen! Es ist Viertel nach zwölf – _____ .

4

Kombination

	kommt vielleicht Alfred
	und besucht mich.
	stehe ich auf.
Früh um sechs	gehen wir in die Oper.
Nachts um halb zwölf	kommt die Post.
Am Mittag	gehen wir ins Bett.
Am Vormittag um halb elf	liest sie einen Roman.
Abends um halb sechs	gibt es Frühstück.
Am Abend um acht	mache ich Gymnastik.
	mache ich Pause.
	gehen wir bummeln und
	Schaufenster anschauen.

5

Studie

a   Bitte zum Abendessen! Es ist Viertel nach sieben (___7¹⁵___)

b   Mein Bus! Mensch, es ist ja schon halb sieben (_____).

c   Das Cabaret beginnt erst um halb zehn, also um _____!

d   Kinder, ins Bett! Morgen früh müßt ihr schon um Viertel nach sechs aufstehen (also um

   _____)!

e   Das Mittagessen ist fertig. Es ist Viertel nach eins (_____).

f   Wann beginnt die Komödie? Um halb sieben schon? So früh? Um _____?

g   Ganz schnell aufstehen! Es ist schon zwanzig nach sieben, schon _____!

167

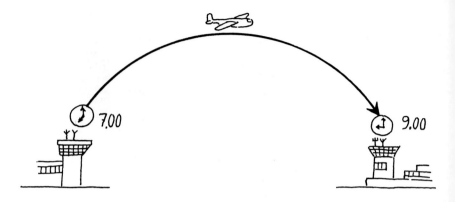

6
Elemente

ZEITPUNKT UND DAUER

Die Maschine startet in München um 7⁰⁰ Uhr. (ZEITPUNKT)
Die Maschine landet in Rom um 9⁰⁰ Uhr. (ZEITPUNKT)
Der Flug dauert zwei Stunden. (DAUER)

7
Studie

a Hans ist Steinmetz, er arbeitet von 6³⁰ bis 14³⁰, das sind

acht Stunden .

b Franz arbeitet im Büro. Er arbeitet von 7³⁰ bis 16⁰⁰, also

_____ .

c Otto ist bei der Post. Diese Woche arbeitet er täglich von 4⁰⁰ bis 11⁰⁰,

also _____ .

d Peter arbeitet von 8⁰⁰ bis 17⁰⁰. Das sind _____ .

e Gloria ist beim Theater. Heute arbeitet sie von 16⁰⁰ bis 23⁰⁰, das sind

_____ .

8

Analyse

Unterscheiden Sie
DAUER und
ZEITPUNKT

DAUER oder ZEITPUNKT?

a   Wir treffen uns um 16⁰⁰ im Café Hag.   _____

b   Der Unterricht beginnt um 8³⁰ Uhr.   _____

c   Mit dem Zug brauchen Sie etwa 5 Stunden.   _____

d   Wie spät ist es, bitte?   _____

e   Bitte warten Sie fünf Minuten.   _____

f   Das Fest beginnt um 21 Uhr.   _____

g   Ich bin noch 11 Jahre und 2 Monate und
    4 Tage im Gefängnis.   _____

h   Früh um halb zwei kam unser Sohn zur Welt.   _____

9

Unterhaltung

Schüler – Schüler

● Wie lange arbeitet man in Ihrem Land täglich?

  – In der Fabrik von _____ bis _____ , das sind täglich

    _____ .

  – Im Büro von _____ bis _____ , das sind täglich

    _____ .

● Wie viele Stunden arbeitet man in Ihrem Land in der Woche
  – in der Fabrik?
  – im Büro?
  – in der Behörde?
  – in der Bank?
  – im Laden?

● Wie lang ist in Ihrem Land die Lebensarbeitszeit (in welchem Alter
  hört man auf zu arbeiten)?

● Was macht man in Ihrem Land am Abend? Wohin geht man, wie oft,
  wie lange?

169

10 ⊙⊙

Szene

Herr Zeiss:	Guten Tag, Sie sind Frau – –
Frau Zeder:	Zeder. Guten Tag.
Herr Zeiss:	Mein Name ist Zeiss. Bitte nehmen Sie Platz, Frau Zeder. Sie sprechen Englisch?
Frau Zeder:	Englisch, und ein bißchen Italienisch.
Herr Zeiss:	Nicht schlecht. Sie können natürlich Schreibmaschine? Und ein bißchen Buchführung?
Frau Zeder:	Ja. Ich habe schon $1^1/_2$ Jahre als Sekretärin gearbeitet. Hier sind meine Zeugnisse.
Herr Zeiss:	Hm. Sehr schön, Frau Zeder. Darf ich mal fragen: Wie alt sind Sie?
Frau Zeder:	Ich bin 25.
Herr Zeiss:	Also wir arbeiten von 8^{00} bis 16^{30} Uhr. Das Gehalt ist – netto – ungefähr – ungefähr 1700,– DM. Und es gibt – Moment – 22 Tage Urlaub. 22 Arbeitstage, Sie verstehen.
Frau Zeder:	Darf ich mal fragen, gibt es noch andere Bewerbungen?
Herr Zeiss:	Ja. Rund 30 Bewerbungen.
Frau Zeder:	Oh Himmel!
Herr Zeiss:	Aber ich glaube – Sie haben gute Chancen. Und noch eine Frage, Frau Zeder ...

11

Variation

R:	Sie arbeiten täglich acht Stunden?
S:	Das stimmt, von 7^{30} bis 12^{00} und von 12^{30} bis 16^{00} Uhr. Freitags nur bis 15^{00} Uhr.
R:	Das sind zusammen 39 _____ in der Woche.
S:	Richtig.
R:	Und bitte, _____?
S:	1400,– DM netto. Ungefähr.
R:	Das ist aber sehr wenig. Verzeihung, das interessiert mich nicht.
S:	Tut mir leid. Wir haben viele andere Bewerbungen.
R:	Danke sehr. Auf Wiedersehen.

12

Ihre Rolle,
bitte

Ich suche Arbeit

- Notieren Sie Ihre Qualifikationen.
- Notieren Sie Informationen über Ihre Ausbildung und über frühere Arbeitsplätze.
- Notieren Sie, was Sie wissen wollen: Arbeitszeit, Urlaub, Gehalt ...
- Führen Sie das Anstellungsgespräch.

13

Elemente

DIE FRAGE

I   W-FRAGE: Antwort:

Wo	ist	der Dom?		Hier links.
Wie lange	arbeiten	Sie	denn?	Von 8³⁰ bis 17⁰⁰ Uhr.
Was	haben	Sie	denn gelernt?	Automechaniker.

II   JA-NEIN-FRAGE:

Arbeiten	Sie	bei Ford in Köln?	Ja.
Hast	du	denn meinen Brief nicht bekommen?	Doch.

- Das Wörtchen *denn* zeigt besonderes persönliches Interesse in der Frage.

14

Studie

Finden Sie die Frage:

a _____ ?

   Ja, ich bin der Chef. Mein Name ist Lutz.

b _____ ?

   Ja natürlich, bitte nehmen Sie Platz.

c _____ ?

   40 Stunden.

d _____ ?

   Um 7⁴⁵ Uhr.

e _____ ?

   Von 12⁰⁰ bis 12³⁰ Uhr.

f _____ ?

24 Arbeitstage jährlich.

g _____ ?

Brutto 3200,– DM ungefähr.

h _____ ?

Sie bekommen noch diese Woche einen Brief von uns.

15 fakultativ
Werkstatt

Stellenangebote
Wer spielt Arbeitgeber, wer spielt Arbeitnehmer?
- Die Arbeitgeber bilden 2–3 Gruppen und formulieren alle ihre Fragen.
- Die Arbeitnehmer prüfen die Angebote und wählen. Jeder Arbeitnehmer wählt zwei oder drei Arbeitsplätze.
- Die Arbeitnehmer formulieren alle ihre Fragen.
- Anstellungsgespräche.
- Die Arbeitgeber wählen ihre Angestellten.

Arbeitgeber	Arbeit	Gehalt	Brutto/ Netto	Arbeits- zeit	Mittags- pause	Arbeits- zeit am Samstag
Buchhandlung	Buchhändler(in)	2400,– DM	B	9^{30}–17^{00}	12^{00}–14^{00}	9^{00}–12^{00}
Autowerkstatt	Automechaniker(in)	2200,– DM	B	7^{00}–16^{00}	12^{00}–13^{00}	–
Technische Universität	Wissenschaftliche Hilfskraft	1152,– DM	B	9^{30}–13^{00}	–	–
Privatklinik	Krankenschwester, Krankenpfleger	1830,– DM plus Zimmer	N	5^{30}–18^{30}	12^{00}–16^{00}	–
Post	Briefträger(in)	1680,– DM	N	6^{00}–12^{00}	–	6^{00}–12^{00}
Supermarkt	Verkäufer(in)	1920,– DM	B	8^{00}–17^{00}	12^{00}–14^{00}	–
Staat	Autobahndienst	4200,– DM	B	wechselt (zus. 40 Std.)		
Cabaret „Floh de Cologne"	Pianist(in)	1400,– DM	B	20^{30}–1^{00}		20^{30}–2^{00}

16
Suchen und finden

Finden Sie die Berufe

Skilehrer _____ werden? Keine Lust.   Der Job ist mir viel zu kalt.

_____ werden? Keine Lust.   Ich kann nicht rechnen.

_____ werden? Keine Lust.   Vor Pferden habe ich Angst.

_____ werden? Keine Lust.   Meine Frau geht nie weg von hier.

_____ werden? Keine Lust.   Ich kann kein Blut sehen.

_____ werden? Keine Lust.   Ich will doch keine Uniform tragen.

_____ werden? Keine Lust.   Ich hatte schon elf Autounfälle.

_____ werden? Keine Lust.   Ich mag Kinder nicht.

_____ werden? Keine Lust.   Ich bin Diabetiker und darf keine Torte probieren.

_____ werden? Keine Lust.   Ich habe Angst vor Terroristen.

_____ werden? Keine Lust.   Ich bin ganz unreligiös.

_____ werden? Keine Lust.   Ich bin doch nicht hübsch genug.

_____ werden? Keine Lust.   Ich kann kein Englisch.

_____ werden? Keine Lust.   Ich kann nicht Schreibmaschine schreiben.

_____ werden? Keine Lust.   Ich werde immer sofort seekrank.

17
Vorbereitung
auf Nummer 18

a   Lesen Sie bitte den Text ohne Pause durch. Markieren Sie sofort alle wichtigen Informationen, die Sie verstehen.

b   Bilden Sie eine Hypothese: Was ist das Thema?

c   Überfliegen Sie den Text noch einmal und geben Sie den vier Teilen des Textes Überschriften.

d   Unterhalten Sie sich mit Ihrem Nachbarn über die Sätze, die Sie nicht verstehen.

18 ⊙⊙

Lesetext

Die Kölner sind wahrscheinlich typische Deutsche. Sie arbeiten und sie träumen. Beides tun sie total. Wenn sie träumen, vergessen sie zu arbeiten, und wenn sie arbeiten, vergessen sie zu träumen. Die Kölner sind meistens fleißig, das beweisen unsere Bilder.

5 Es gibt aber eine Geschichte, die Geschichte von den Kölner Heinzelmännchen. Keiner weiß genau, wie groß die Heinzelmännchen sind: zwölf Zentimeter? zwanzig Zentimeter? dreißig Zentimeter? Die Heinzelmännchen kommen in der Nacht und arbeiten für die Menschen – sie putzen und waschen und kochen und backen. Die Menschen müssen dann nicht arbei-

10 ten, sie liegen im Bett, und die Heinzelmännchen tun alle Arbeit für sie. Aber nur für den, der mit den Heinzelmännchen sprechen kann, und leider kann das heute keiner mehr.

Etwa 10 000 Menschen glauben diese Geschichte. Das sind alle dreijährigen Kölner. Denn jede Mutter erzählt die Geschichte ihrem Kind, und das

15 Kind glaubt sie, denn: Eltern lügen nicht.

Aber vielleicht ist die Geschichte nur ein Traum. Wir müssen also arbeiten, und auch die Kölner müssen arbeiten. Sie arbeiten das ganze Jahr, nur einen Monat lang träumen sie, der Traum heißt hier Karneval. In diesem Monat können die Kölner nicht so recht denken. Alle sind ein bißchen

20 verrückt („jeck" nennen sie das). Die meisten Kölner sind sympathische Menschen, aber ganz besonders sympathisch sind die verrückten.

19

Textarbeit

zum Text
Nummer 18

a   Unser Text (Nummer 18) hat vier Teile.
Teil 1 und Teil 4 sprechen über ...
Teil 2 und Teil 3 sprechen über ...

b   Was sagt der Text über die Kölner? Formulieren Sie nur zwei Sätze.

c   Wo leben die Heinzelmännchen?

d   Die Heinzelmännchen-Geschichte ist

☐	interessant.
☐	dumm.
☐	schön.
☐	langweilig.

e   Die Heinzelmännchen-Geschichte ist

☐	ein Bericht.
☐	eine Angstidee.
☐	eine Wunschidee.
☐	eine Hypothese.

f   Welche Rolle spielt der Karneval im Leben der Kölner?

g   Karneval – gibt es das in Ihrem Land?

20

Elemente

ZEITANGABEN

DIE TAGE	DIE MONATE	DIE JAHRESZEITEN
der Montag	der Januar	der Frühling
der Dienstag	der Februar	der Sommer
der Mittwoch	der März	der Herbst
der Donnerstag	der April	der Winter
der Freitag	der Mai	
der Samstag	der Juni	
(= der Sonnabend)	der Juli	
der Sonntag	der August	
	der September	
	der Oktober	
	der November	
	der Dezember	

17 F	Gertrud v. Nivelles	17 M	
18 S	Cyrill v. Jerusalem	18 D	
19 S	Palmso. Josefstag	19 M	
20 M	Frühlingsanf. 12. Wo	20 D	
21 D	Serapion	21 F	
22 M	Elmar ☺	22 S	
23 D	Gründonnerstag	23 S	5.
24 F	Karfreitag	24 M	Wil
25 S	Karsamstag	25 D	Mar
26 S	Ostersonntag	26 M	Truc
27 M	Ostermontag 13. Wo	27 D	Petr
28 D	Tutilo	28 F	Pierr
29 M	Eustasius	29 S	Katha

Beispiele:

UHRZEIT	*um*		**Das Seminar beginnt um 14⁰⁰ Uhr.** **Wann ist Pause? – Um drei Uhr.**
		aber:	**Wie spät ist es? – (Es ist) sieben Uhr.**
TAGESZEIT	*am*		**Am Vormittag habe ich vier Vorlesungen.** **Am Nachmittag ist frei.**
		aber:	**Ich komme erst *in der Nacht* heim.**
TAG	*am*		**Am nächsten Sonntag fahren wir nach Innsbruck.** **Am Mittwoch abend ist ein Cembalokonzert.**
MONAT	*im*		**Im November beginnt das Wintersemester.** **Im nächsten Monat ist die Prüfung.**
JAHRESZEIT	*im*		**Im Sommer haben wir drei Monate Semesterferien.** **Im Herbst arbeite ich als Zeitungsverkäufer.**
JAHR	—		**Ich bin 1967 geboren.** **Ich will 1992 das Staatsexamen machen.**

21
Studie

a   Die Vorlesung beginnt _____ 9¹⁵ Uhr.

b   Wir machen _____ 12⁰⁰ Uhr Pause.

c   _____ Samstag und Sonntag ist die Universität geschlossen.

d   _____ Montag _____ 8⁰⁰ Uhr beginnt die Einschreibung für das Sommersemester.

e   _____ nächsten Herbst studiere ich in Göttingen.

f   Die Apfelbäume blühen _____ April.

g   _____ Winter haben wir oft 20° unter Null.

h   Die Sonnenblumen blühen vier Monate: _____ Mai _____ August.

i   _____ Vormittag war es noch so kühl, und jetzt ist es herrlich warm.

k   _____ nächsten Freitag beginnt mein Urlaub!

22
Unterhaltung
Schüler – Schüler

Schlafgespräche

Ist Schlafen etwas Wichtiges?
Wann sind Sie gestern abend ins Bett gegangen?
Wann sind Sie heute früh aufgewacht?
Wie lange haben Sie geschlafen?
Haben Sie gut geträumt?
Machen Sie manchmal einen Mittagsschlaf? Wie lange? Wann?
Wann schlafen Sie besser – am Tag oder in der Nacht? Warum?

23
Unterhaltung
Schüler – Schüler

Den Kopf im Buch

Wie lange lesen Sie täglich Zeitung?
Lesen Sie gern Zeitung?
Wie viele Bücher haben Sie schon gelesen?
Wann haben Sie mit Lesen begonnen? Wie alt waren Sie?
Was haben Sie zuerst gelesen? Wann?
Wie lange brauchen Sie für einen Roman?
Welche Bücher haben Sie zweimal oder dreimal gelesen?
Wann haben Sie zum erstenmal ein Theaterstück gesehen?

24
Unterhaltung
Schüler – Schüler

Bitte formulieren Sie Fragen und antworten Sie!

... nach dem Frühstück
... nach dem Wetter
... nach der Post   ... nach dem Einkaufen
... nach dem Sport   ... nach dem Abendessen

25
Suchen
und finden

Der Friseur ist aber schlecht!
→ Schlecht? Das ist ein guter Friseur!

Der Lehrer ist aber langweilig!
Der Mann ist aber dumm!   Der Roman ist aber langweilig!
Die Zeitung ist aber schlecht!   Der Film ist aber kurz!
Das Mädchen ist aber arm!   Du hast aber viel Geld!
Die Leute sind aber unfreundlich!   Das Buch ist aber teuer!

179

26
Lesetext

EIN NOCH UNGEWOHNTER ANBLICK *in der Dombauhütte sind Frauen als Mitarbeiterinnen, hier Bildhauerin Gesina Liebe und Steinmetzlehrling Renate Wiedemann (v.l.).* Bild: Helmut Jüliger

Erste weibliche Handwerker für die Kathedrale

Jahrhundertelang war die Kölner Dombauhütte eine Domäne der Männer. Selbst zum Putzen wurde bis vor drei Jahren noch ein Mann eingesetzt. Inzwischen ist das anders. Unter den 56 Handwerkern sind jetzt fünf Frauen – zwei Glasrestauratorinnen, ein Steinmetzlehrling, eine Bildhauerin und eine Raumpflegerin. Sie fühlen sich wohl, und die Männer sagen, der Ton im Betrieb sei viel freundlicher geworden.

Kölner Stadt-Anzeiger

27
Textarbeit

a Unser Text sagt etwas über den persönlichen Ton, den Stil zwischen den Kollegen in der Dombauhütte.

b Unser Text sagt etwas über die Vergangenheit.

c Wie geht es den Frauen in der Dombauhütte? Unser Text sagt auch dazu etwas.

28 ⊙⊙

Hören und
verstehen

Sie hören eine Radiomeldung. Sie hören den Text zweimal. Nun lesen Sie
bitte die Sätze a b c d usw.

Sie hören nun den Text noch einmal. Bitte wählen Sie jetzt die richtigen
Sätze. Markieren Sie: Habe ich das im Text gehört? Ist a richtig? Ist b
richtig? Ist c richtig? – usw.

Haben Sie das im Text gehört?

a ☐ Der Rhein hat heute besonders viel Wasser.

b ☐ Die Straßen am Rheinufer stehen unter Wasser.

c ☐ In Köln darf man heute nicht Auto fahren.

d ☐ Am Rheinufer darf man heute nicht Auto fahren.

e ☐ Schiffe müssen schneller fahren.

f ☐ Schiffe dürfen nicht schnell fahren.

g ☐ Der Regen ist vorbei.

h ☐ Das Wasser geht wieder zurück.

i ☐ Die Kölner können heute nicht ins Bett gehen.

Weitere Materialien zur Auswahl

29

Werkstatt

in kleinen Gruppen

Welche Berufe sind typisch männlich ⟨ aus gutem Grund?
nur aus Tradition?

Welche Berufe sind typisch weiblich ⟨ aus gutem Grund?
nur aus Tradition?

Schreiben Sie vier Listen, finden Sie die Gründe.

30
Rätsel

Hier finden Sie sieben Berufe:

Se	ge	da	eur
Ta	chi	tek	tin
Emp	xi	tä	fer
In	fangs	ni	me
Schau	spie	le	rin
Ar	kre	käu	rer
Schuh	ver	fah	rin

31
Vorbereitung

auf Nummer 32

a   Welche Dinge kann man wählen?

b   Viele Leute haben nicht ihren Traumberuf. Es gibt viele Gründe.

c   Es gibt nur zwei Arten von Menschen: normale und wahnsinnige. Stimmt dieser Satz?

32
Lesetext

„Ja, ich weiß, was ich will" – diesen Satz können Sie täglich hören, der eine sagt ihn leise, aber bestimmt, der andere laut, der andere denkt ihn nur. Aber darf ich fragen: Wissen *Sie* genau, was Sie wollen?

Nehmen wir die Berufswahl. Familie X. wohnt direkt neben dem Zoo.
5 Der fünfjährige Hansi besucht täglich seine Freunde, die Affen. Fünfzehn Jahre später sagt er: Ich will Tierarzt werden. Ist es Zufall? Ist es seine Wahl?

Familie Y. wohnt in der Rosenstraße 60. Unten im Haus ist ein Konditorladen. Der kleine Moritz Y. steht täglich vor dem Schaufenster und studiert die
10 Torten: Schokoladetorte, Linzertorte, Käsetorte, Apfeltorte. „Ich will Konditor werden", sagt der kleine Moritz, und er wird es auch.

Die sechzehnjährige Alexa hat eine Freundin. Die verdient 400 Mark täglich als Fotomodell. Die Freundin hat schon einen ganzen Koffer voll Parfüms, Cremes, Schmuck. Das ist Alexas Traum. Sie wird Fotomodell. Wie viele
15 Menschen wissen, was sie tun?

Und wie ist es mit der Partnerwahl? Wer wählt? Wir? Zwei, die sich lieben – wie hell sind sie noch im Kopf? Aber sie treffen eine Wahl – *die* Wahl für ihr Leben! „Gibt es einen Menschen, der frei von Wahnsinn ist?" fragt Erasmus von Rotterdam. Hat er recht mit seiner Frage?

33

Textarbeit

Steht das im Text?   ja   nein

    a   Alle Menschen sind wahnsinnig.

    b   Wir wissen selten, was wir wählen.

    c   Familie X. wohnt in der Nähe des Tiergartens.

    d   Alexa kann fotografieren.

    e   Heiraten ist Wahnsinn.

    f   Viele Leute sagen: Ich weiß, was ich will.

34

Textarbeit

    a   Wie heißt die Kernfrage?

    b   Der Text hat zwei Hauptthemen.

    c   Zum Thema 1 bringt der Text drei Beispiele. Welche Berufe nennt der Text?

    d   Warum haben die jungen Leute ihren Beruf gewählt – sagen Sie das in einem Satz.

    e   Lesen Sie in unserem Text alle Fragen. Können Sie auf diese Fragen antworten? Was antworten Sie?

35

Kontrolle

    a   Der Frühsport beginnt _____ 6^{30} Uhr.

    b   Die Kaffeepause ist _____ 10^{00} _____ 10^{20} Uhr.

    c   Der Film dauert $1^1/_2$ _____ .

    d   _____ Mittwoch machen wir einen Ausflug nach Rothenburg.

    e   Till ist ein _____ Professor,
                           (sehr gut)

        aber ein _____ Autofahrer.
                     (schlecht)

    f   Samuel kann _____ Klavier spielen,
                        (exzellent)

        aber er ist leider kein _____ Tänzer.
                      (gut)

    g   Zum Kuckuck! Ich habe meinen _____ Ring verloren.
                                 (schön)

183

h   Die _____ Schuhe habe ich gestern gekauft.
    (rot)

i   Zum Frühstück gibt es _____ Brötchen,
                              (frisch)

    _____ Marmelade und ein _____ Ei.
         (englisch)   (weich)

k   _____ du gestern im Büro gewesen?

l   _____ du das Telegramm gelesen?

m   Warum _____ du mir nichts gesagt?

n   _____ ihr gestern ins Theater gegangen?

o   _____ ihr den Film „Der Name der Rose" gesehen?

p   Wann _____ ihr nach Hause gekommen?

                                                    20 Lösungen

Phonetisches Zwischenspiel

ei   ie

1

Elemente

● **ei** und **ai** sprechen wir gleich:
    Rhein
    Main
    Wein
    Mai

● Wir schreiben **ie**. Wir sprechen iiii (lang):
    Brief
    Spiel
    Wien
    Auf Wiedersehen

2 ◯◯

Bitte
hören Sie

ein	→	in
sein		sie
Wein		Wien
arbeiten		studieren

3 ◯◯

Bitte
sprechen Sie

Wien →	Wein →	Wien
in	ein	in
hier	bleiben	hier
die	drei	die

klein →	Kind →	klein
nein	nie	nein
Wein	Wien	Wein
leicht	Licht	leicht

4 ◯◯

Welches Wort
hören Sie?

1 a ☐ Wein
   b ☐ Wien

2 a ☐ leicht
   b ☐ Licht

3 a ☐ sei
   b ☐ sie

4 a ☐ ein
   b ☐ in

5 a ☐ Leib
   b ☐ lieb

6 a ☐ Wein
   b ☐ Wien

7 a ☐ nein
   b ☐ nie

8 a ☐ ein
   b ☐ ihn

5 ◯◯

Bitte
sprechen Sie

Bitte bleiben Sie!
Das Kind ist klein.
Bier und Wein
Hier, Herr Meier!

Bleiben Sie hier!
Ich bin Weintrinker.
Ich fliege nach Leipzig.
drei kleine Kinder

Bitte schreiben Sie!
Wiederholen Sie!
Wir studieren in Wien.
Ich schreibe einen Brief.

Wir sind verheiratet.
Ich schreibe, bitte diktieren Sie.
Fliegen Sie nicht?
Nein, ich bleibe hier.

185

1

2

3

4

5

6

7

8

Kapitel 10

Materialien zur Auswahl

1 👓
Bild-
geschichte K

DER CHIEMGAU

1 Vorn das Ufer, ein alter Baum, ein Boot. Hinten die Berge. Eine typisch
bayrische Landschaft.

2 Nun sind die Berge ganz nah. Möchten Sie dort oben sein?

3 Bitte, ich kann Ihren Wunsch erfüllen!

4 Jetzt sind wir ganz oben, 2000 m hoch. Unten im Tal hängen die Wol-
ken, die Berge sind frei.

5 Links sehen Sie eine kleine Kapelle an der Grenze nach Tirol. Die
Kapelle sieht von außen arm und grau aus.

6 Aber innen hat sie kostbare Malereien, 700 Jahre alt.

7 Das Schloß Herrenchiemsee ist sehr bekannt und vielleicht ein bißchen
langweilig. Wie gefällt Ihnen die Dame vorn rechts?

8 Es ist Januar. Tiefer Schnee liegt oben in den Bergen.

2
Studie

Ergänzen Sie
oben oder *unten*:

a Hier _____ am See ist es warm und windstill.

b Aber dort _____ auf dem Berg geht der Bergwind.

c Jetzt sind wir 2000 m hoch _____ auf dem Berg.

d Sehen Sie die Städte und Dörfer _____ im Tal?

e _____ ist der Berg grau und steinig.

f Aber _____ am Fuß des Berges gibt es riesige Wälder.

3

Suchen
und finden

Da vorn – ist das die Post?
→ Nein, da hinten.
Da rechts – ist das die Mozartstraße?
→ Nein, da links.

Da vorn – ist das der Marktplatz?
Da links – ist das·die Blumenstraße?
Da rechts – ist das die Kirche?
Da vorn – ist das die Apotheke?

4

Element

ADVERBIEN (RAUM)

5 ㋡㋡

Bitte
sprechen Sie

Die Wurst muß da unten liegen.
→ Nein, da oben liegt sie.

Der Kaffee muß da hinten stehen.
Das Schwimmbad muß da links sein.
Veronika muß da unten sitzen.

Der Wein muß da oben stehen.
Die Wirtschaft muß da rechts sein.
Die Kapelle muß da vorn sein.
Die Damen müssen da unten wohnen.

6

Lesetext

eingeführt als
Lückendiktat (Diktat-
text im Lehrerheft)

Die bayrische Volksmusik ist _____ bekannt. Bekannt

_____ bayrischen Klischees – man denkt an

Oktoberfest, Hofbräuhaus, viel_____und_____

Kellnerinnen. Die echte bayrische Musik ist _____ anderes.

5   Sie ist _____, transparent, geistreich, eher _____ .

Das archaische Volkslied ist der lebendige _____ für die

großen österreichischen Klassiker und Romantiker, für Haydn, für

Mozart, für Schubert, für Bruckner. Die Melodien Mozarts sind

_____ nur Variationen alter Volkslieder.   10 Lösungen

Kernprogramm

7
Suchen und finden

Bitte erklären Sie viele Wege!

8 ⊙⊙
Szene

Herr Pfeil:	Tag, wie geht's?
Matti:	Prima.
Herr Pfeil:	Wie war's denn in der Schule?
Matti:	Ach, die Schule? Die habe ich nicht gefunden.
Herr Pfeil:	Was? Nicht gefunden?
Matti:	Leider.
Herr Pfeil:	Also Matti, ich hab's dir doch gestern genau erklärt!
Matti:	Eine Stunde lang habe ich gesucht, dann bin ich zum Fußballplatz gegangen.
Herr Pfeil:	Du weißt doch: Hier bei der Kirche rechts, die Sonnenstraße links, die Milchgasse hier rechts, da ist deine Schule.
Matti:	Ja, ja, ich weiß.
Herr Pfeil:	Willst du sie denn finden?
Matti:	Muß ich sie denn finden?

9
Textarbeit

Fragen zum Hörverstehen
a   Wo war Matti?
b   Was ist das Problem?

10
Textarbeit

a   Warum hat Matti die Schule nicht gefunden?
b   Was passiert am nächsten Tag?

11
Elemente

MODALPARTIKELN

Wie war's denn in der Schule?
Willst du sie denn finden?

Das Wörtchen denn zeigt besonderes persönliches Interesse in der Frage.

Ich hab's doch genau erklärt.
Du weißt doch ...

Das Wörtchen doch zeigt: Ich bin sicher, du bist meiner Meinung.

Die Wörtchen denn oder doch *müssen* wir nicht nehmen. Wir *können* sie nehmen. Sie machen einen Satz lebendiger, farbiger.

12
Analyse

Lesen Sie bitte diese Sätze und urteilen Sie:
Welche Sätze zeigen große Sicherheit (Ich bin sicher, du bist meiner Meinung)? Welche Fragen zeigen großes persönliches Interesse?
Ergänzen Sie *denn* oder *doch* – aber nicht bei allen Sätzen!

a *Beamter:* Haben Sie ein Visum?
b *Stewardess:* Was möchten Sie trinken?
c *Gast:* Ich habe Wein bestellt, nicht Milch!
d *Gast:* Ich habe das Zimmer schon bezahlt! Sie bekommen das Geld
   nicht zweimal!
e *Freund:* Warum bist du so bleich heute? Bist du krank?
f *Portier:* Guten Tag, Sie haben zwei Briefe.
g *Siegfried:* Ach, du bist eine wunderbare Frau.
h *Freund:* Oh, du hast im Lotto gewonnen! Was machst du mit deinen
   Millionen?

Noch einmal: Wir müssen diese kleinen Wörtchen nicht nehmen. Wir können Sie nehmen.

Bitte beschreiben Sie die Bilder genau.
Nehmen Sie die Adverbien *oben*,
rechts usw. Hier einige Wörter:

der Baum, Bäume
der Berg, -e
der Fels, -en
die Insel, -n
die Kirche, -n
der Maler, -
die Mühle, -n
der Nebel
der Schnee

13

Suchen und
finden

Mein Fahrrad ist kaputt.

→ Ich repariere es gleich.

Der Zug fährt in fünf Minuten.

→ Ich komme gleich.

Hier ist die Rechnung.

Helfen Sie doch bitte!

Kommt denn das Schiff heute nicht?

Dein Kakao wird kalt!

Ist der Brief noch nicht fertig?

Ich warte auf den Arzt.

Schnell, schnell, der Bus!

Seit einer halben Stunde warte ich auf das Frühstück.

14

Elemente

ADVERBIEN (ZEITPUNKT)

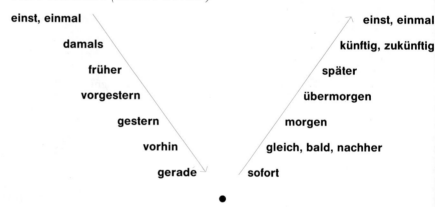

einst, einmal

damals

früher

vorgestern

gestern

vorhin

gerade

einst, einmal

künftig, zukünftig

später

übermorgen

morgen

gleich, bald, nachher

sofort

gerade, jetzt, nun, heute

Ausführliche Darstellung: ‚GRUNDGRAMMATIK DEUTSCH' Seite 165–169

15

Studie

a   Moment, ich ziehe noch schnell den Pulli an, ich komme _gleich_ !

b   Bist du fertig? – Ja, _____ bin ich fertig, wir können gehen.

c   Nur eine Minute, ich muß noch die Zähne putzen. Ich komme

_____ .

d   Sophie kann jetzt nicht kommen, sie kommt _____ . Sie will
noch einen Brief schreiben.

e   Wann geht die Sonne auf? – Sicher _____ , es ist schon ganz
hell.

f   Nur noch 50 m! _____ sind wir oben!

g   Oh, _____ geht die Sonne auf!

h   Wir sind oben! _____ gibt es ein tolles Frühstück.

16
Kombination   *Lob*

| So | ein
eine
– | elegant
schön
intelligent
gut
interessant
hübsch
toll
lecker
gesund
freundlich
reich
herrlich
heiß
nett
farbig | der Baum
der Berg
das Essen
das Frühstück
das Haus
die Nacht
die Sonne
der Strand
die Straße
der Tag
der Wald
das Wetter

die Frau
der Junge
das Kind
das Mädchen
der Mann
der Nachbar

Berge
Farben
Ferien
Leute
Nächte
Tage
Wälder |

Beispiele: So ein herrlicher Tag!
                    So nette Leute!

195

17
Kombination

Schimpfen

		der Esel
		die Kuh
	dumm	das Huhn
So ein	alt	der Idiot
eine	blöd	das Kamel
	–	der Trottel
		die Gans
		der Vollidiot

Beispiel: So ein blöder Trottel!
(Direkte Anrede:) Sie blöder Trottel, Sie!

18
Suchen und
finden

Loben Sie und schimpfen Sie! Sammeln Sie – in kleinen Gruppen – viele
Dinge, über die Sie urteilen möchten: loben oder schimpfen. Finden Sie
die richtigen Adjektive und die richtige grammatische Form.

19
Lesetext

Deutschland hat seit Oktober 1990 ein neues Gesicht. Es besteht aus den
zehn „alten Ländern" im Westen und den fünf „neuen Ländern" im Osten,
das sechzehnte Land ist Berlin. Deutschland hat heute rund 78 Millionen
Einwohner.
5 Vierzig Jahre lang war Deutschland geteilt in zwei Staaten: die Bundesrepublik Deutschland und die Deutsche Demokratische Republik. Die vierzigjährige Mauer zwischen Deutschland und Deutschland war nicht aus Papier,
sondern aus Beton und Eisen. Die Mauer ist gefallen, aber die tiefen wirtschaftlichen Unterschiede, die sozialen Unterschiede, die psychischen Unter-
10 schiede sind nicht so schnell weg wie die DDR-Zeitungen. Die äußere
Einheit ist eine Chance, die innere Einheit ist eine Aufgabe. Für die Einhei

muß jeder seinen Beitrag leisten, den geistigen und den materiellen Beitrag.

Die kleine alte Universitätsstadt Bonn am Rhein war und ist Interims-Haupt-
15 stadt. Die wahre deutsche Hauptstadt ist und wird Berlin, Theaterstadt,
Filmstadt, Stadt der Konzerte und Museen, der wissenschaftlichen und lite-
rarischen Tradition.

Wichtige kulturelle Mittelpunkte sind Hamburg, München und Köln und
im Osten die Musikstädte Leipzig und Dresden. Frankfurt am Main mit
20 seinem internationalen Flughafen ist ein Zentrum für Geld, Verkehr und
Bücher.

Österreich, das Land der Kunst und des Weins, hat 7,5 Millionen Einwohner. Die österreichische Republik gibt es seit 1918. Die Hauptstadt Wien
ist auch der geistige und kulturelle Mittelpunkt – Theaterstadt, Opernstadt,
25 Stadt der Museen und Kaffeehäuser. Wichtige literarische Zentren sind Graz
und Klagenfurt. Österreich besteht aus 9 Ländern. Das österreichische Geld
ist der Schilling. Sieben Schilling haben den Wert einer DM.

Die Schweiz besteht seit 1291, ist also siebenhundert Jahre alt. Sie hat
26 kleine Kantone mit zusammen 6,4 Millionen Einwohnern. Es gibt vier
30 Nationalsprachen. 70% der Schweizer sprechen Deutsch, 20% Französisch,
10% Italienisch und 1% spricht einen altrömischen Dialekt (Rätoroma-
nisch). Die Hauptstadt ist Bern. Wichtige geistige Zentren sind Zürich,
Genf, Basel. Weltberühmt sind nicht nur die Schweizer Schokolade und
der Schweizer Käse, sondern auch der Schweizer Franken. Ein SF hat den
35 Wert von ca. 1,20 DM.

20

Textarbeit

a Die Ursache für die vierzigjährige deutsche Teilung war der Zweite
Weltkrieg. Was wissen Sie darüber?

b Welche wirtschaftlichen Unterschiede gibt es zwischen den „alten" und
den „neuen Ländern"?

c Die Deutschen (West) sind für die Deutschen (Ost) vierzig Jahre lang
fremd geblieben – und umgekehrt. Vierzig Jahre lang gab es nur wenige
Informationen, aber viele Klischees. Für die neue Einheit muß jeder
seinen Beitrag leisten, zum Beispiel?

d Bitte nehmen Sie eine Landkarte und beschreiben Sie die Grenzen zwischen den deutschsprachigen Staaten.

e Etwa 110 Millionen Menschen auf der Welt sprechen Deutsch als Muttersprache. Das paßt nicht zusammen mit den Zahlen in unserem Text.
Finden Sie eine Erklärung.

f Warum ist der Schweizer Franken so berühmt?

g Wie heißen die Nachbarstaaten Österreichs und der Schweiz?

21 ⊙⊙

Hören und
verstehen

Welches Bild paßt?

a b c

(Bildraster mit Zeichnungen, 5 Reihen × 3 Spalten)

Weitere Materialien zur Auswahl

22

Werkstatt

in kleinen Gruppen

Apfelstrudel, Schwarzwälder Torte, Porzellan, Heidi, Swatch, Walzer, Hänsel und Gretel.
Das sind Klischees. Machen Sie vier Listen: Schweiz, Österreich, (ehemalige) DDR, Bundesrepublik. Welche Klischees gehören zu welchem Land? Finden Sie viele weitere Klischees!

23 ᴏᴏ

Bitte
sprechen Sie

Möchte jemand die Platte hören?
→ Ich nicht. Ich habe sie schon gehört.

Möchte jemand den Roman lesen?
Möchte jemand den Film sehen?
Möchte jemand den Likör probieren?
Möchte jemand die Illustrierte lesen?
Möchte jemand Englisch lernen?
Möchte jemand die Fotos sehen?
Möchte jemand die Torte probieren?

24 ᴏᴏ

Bitte
sprechen Sie

He, wo ist das Bier?
→ Ich habe es getrunken.

He, wo ist der Tee?
He, wo sind die Zigaretten?
He, wo ist das Geld?
He, wo ist die Torte?
He, wo ist der Saft?
He, wo ist das Schnitzel?
He, wo sind die 100 Mark?

25

Kontrolle

Bitte ergänzen Sie
das Hilfsverb

a Armes Kind, bist du so müde? Ich denke, du _____ viel zu lange geschlafen.

b O nein. Ich _____ heute früh erst um vier heimgekommen.

c Aha! Und Verzeihung, wo _____ du denn so lang gewesen?

d In der Delphin-Bar. Ich _____ ein paar alte Freunde getroffen.

e Das riecht man. Wieviel _____ du denn geraucht?

f Seit zwei Jahren _____ ich keine einzige Zigarette geraucht.

g Und getrunken, was _____ du denn getrunken?

h Ich _____ genau $^1/_4$ l Wein getrunken.

i Und ihr _____ natürlich zu Fuß heimgegangen?

k Dumme Frage. Wir _____ auf einem Elefanten heimgeritten.

10 Lösungen

Phonetisches Zwischenspiel

ä e

1 ⊙⊙
Bitte
hören Sie

Dänemark → Schweden
Mädchen   Meer
Räder   reden
Käse   nehmen

leben   → wählen
reden   Rätsel
Meter   zählen
geben   spät

2 ⊙⊙

Bitte
sprechen Sie

Schweden	→	Dänemark
Meer		Mädchen
Rätsel		reden
wählen		sehen
Schnee		gehen
erzählen		Leben
Käse		nehmen
spät		lesen
gefährlich		leben
Tee		nehmen

3 ⊙⊙

Bitte
sprechen Sie

Ich gehe.
Ich lese.
Ich trinke Tee.
Bitte nehmen Sie!

Ich lebe.
Sie redet und redet.
Ich gehe.
Ich verstehe Sie.

Ich will leben.
Wie geht es Ihnen?
Wir sehen uns wieder.
Nehmen Sie Tee?

4 ⊙⊙

Bitte
sprechen Sie

Wir leben gefährlich.
Erzählen Sie Ihr Leben!
Er fährt nach Schweden.
Ich stehe im Regen.

Wissen Sie den Weg?
Bitte lesen Sie.
Sehen Sie das Mädchen?
Ich verstehe es nicht.

der nächste Weg
Du redest in Rätseln.
Ich stehe am Meer.
Bitte wählen Sie!

1

2

3

4

5

6

7

8

Kapitel 11

Kernprogramm

1 ⊙⊙
Bild-
geschichte L

BREMEN

1 Das ist Bremen. Vielleicht denken Sie: Die Stadt sieht aber langweilig aus.
2 Aber machen Sie doch halt. Gehen Sie in der Innenstadt spazieren.
3 Besichtigen Sie zum Beispiel das alte Rathaus.
4 Hier gibt es winzige Läden. Bitte, was wollen Sie einkaufen?
5 Eine schöne Lampe? Ein Bild?
6 Hier in Bremen können Sie alles bekommen.
7 Oder suchen Sie etwas Elegantes? Dann kaufen Sie doch hier ein.
8 Möchten Sie den Hafen kennenlernen? Und von der großen fernen Welt träumen?

2
Analyse

Wie heißen die Verben?   Verben:

a Wollen Sie eine interessante deutsche Hafenstadt
   kennenlernen?   _____

b Steigen Sie doch in Bremen aus!   *aussteigen*
                                                   _____

c Wir gehen zusammen in der Bremer Innenstadt
   spazieren.   _____

d Darf ich Sie zu einer Tasse Kaffee einladen?   _____

e Das Café dort sieht ganz gemütlich aus.   _____

f   Vielleicht besichtigen wir noch den Dom?   _____

g   Das Schaufenster da sieht interessant aus, hm?   _____

h   Wollen Sie noch den Hafen anschauen?   _____

3
Studie

a   ankommen   Wir ___*kommen*___ um 9.10 Uhr in Bremen _*an*_ .

b   mitkommen   Bitte _____ Sie zum Rathaus _____ !

c   einladen   Darf ich dich zum Essen _____ ?

d   einkaufen   Hier in Bremen können Sie sehr gut _____ .

e   spazierengehen   Wir _____ in der Bremer Altstadt _____ .

f   aussehen   Die Dame hier _____ interessant _____ !

g   einladen   Darf ich Sie ins Theater _____ ?

h   mitkommen   Ja, ich _____ gern _____ .

4

Elemente

TRENNBARE UND NICHT-TRENNBARE VERBEN

| be- |
| emp- |
| ent- |
| er- |
| ge- |
| miß- |
| über- |
| unter- |
| ver- |
| wieder- |
| zer- |

Diese Verben sind nicht trennbar.

(beginnen) → Der Markt (beginnt) um 7 Uhr.

(begleiten) → Ich (begleite) dich durch die Altstadt.

(besichtigen) → Wir (besichtigen) den Dom.

(verkaufen) → Wir (verkaufen) alte Lampen, Puppen, Bilder.

(verstehen) → (Verstehen) Sie Englisch?

(versuchen) → Frischer Kaffee aus Bremen!
(Versuchen) Sie mal!

Verben
mit allen anderen Präfixen
sind trennbar.

(ankommen) → Wir (kommen) um 13.20 in Bremen (an).
→ Wann möchten Sie in Köln (ankommen)?

(einkaufen) → Ich (kaufe) am Fischmarkt (ein).
→ Wir müssen noch Obst (einkaufen)!

(zurückkommen) → Wir (kommen) gegen Mitternacht (zurück).
→ Ich will am Montag (zurückkommen).

Das Bild zeigt den Bremer Marktplatz mit Rolandsäule

5
Schüttelkasten

Bitte bauen
Sie Sätze

> ich   umsteigen   Martin   Angelika
> heimgehen   Frühstück
>   Helmut   kommen
> Oma   wir   bestellen
>   besuchen
> ankommen   abfahren   einsteigen   bezahlen

Beispiel: Martin kommt um 14.18 Uhr an.

6 ☉☉
Bitte
sprechen Sie

Ich steige aus.
→ Mußt du schon aussteigen?

Ich gehe heim.
Ich mache zu.   Ich bezahle.
Ich gehe.   Wir fangen an.
Wir fahren heim.   Ich fahre heim.
Ich höre auf.   Wir bezahlen.

7 ⊙⊙

Bitte
sprechen Sie

Bitte kommen Sie mit!
→ Ich kann unmöglich mitkommen.

Bitte machen Sie auf!
Bitte helfen Sie!   Bitte besuchen Sie uns!
Bitte bezahlen Sie!   Bitte fangen Sie an!
Bitte rufen Sie an!   Bitte kommen Sie zurück!
Bitte machen Sie auf!   Bitte beginnen Sie!

8 ⊙⊙

Bitte
sprechen Sie

Möchten Sie nicht mitkommen?
→ Doch, ich komme sofort mit.

Möchten Sie nicht einsteigen?
Möchten Sie nicht helfen?   Möchten Sie nicht aussteigen?
Möchten Sie nicht anfangen?   Möchten Sie nicht beginnen?
Möchten Sie nicht bezahlen?   Möchten Sie mich nicht besuchen?
Möchten Sie nicht mitmachen?   Möchten Sie nicht aufmachen?

9
Studie

a ankommen   Wann _____ wir in Bremen _____?

b aussehen   Der Mann _____ ausgezeichnet _____.

c zurückkommen Ich _____ um acht Uhr _____.

d gernhaben   _____ Sie Antiquitäten _____?

e kennenlernen Sie müssen Frau Dorn _____!

f zumachen   Wir _____ unseren Laden immer um

                18 Uhr _____.

g heimgehen   Willst du schon wieder _____?

h aussteigen   Ich muß hier _____.

i mitkommen   Heute abend ist Zirkus! _____ ihr _____?

k aufhören   Wann _____ du endlich _____?

10
Kombination

Bauen Sie
möglichst viele Sätze

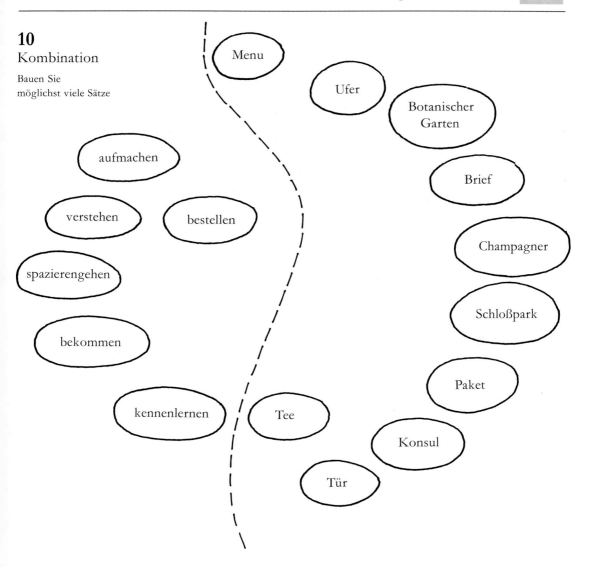

11 👓
Hören
und verstehen

    a   Wie hoch liegt Bremen?

    b   Wie groß ist Bremen?

    c   Wie viele Einwohner hat Bremen?

    d   Wie viele Bremer sind berufstätig?

    e   Wie viele Türken wohnen in Bremen?

    f   Wie viele Schiffe laufen Bremer Häfen an?

    g   Wie viele Fluggäste passieren den Flughafen Bremen?

12
Studie

a Der Laden ist aber teuer! Hier kaufe ___*ich nicht ein*___ .

b Der Zug kommt in Lübeck um _____
_____ .

c Tschüß! Ich komme _____
_____ .

d Herr Pfau ist nicht da. Bitte rufen _____
_____ !

e Wir fahren morgen nach Sylt. Kommt _____
_____ ?

f Hier im Park können _____
_____ .

g Sie wollen nach Paris? Dieser Zug fährt nach Basel. Steigen _____
_____ .

h Das ist eine gemütliche Weinstube, gehen_____
_____ ?

13
Elemente

DIE BRÜCKE

I II **ENDE**

Ich	**träume.**			
Wir	**besichtigen**		**das Rathaus.**	
Wir	**haben**		**das Rathaus**	**besichtigt.**
Gestern	**haben**	**wir**	**das Rathaus**	**besichtigt.**
Wir	**wollen**		**das Rathaus**	**besichtigen.**
Morgen	**wollen**	**wir**	**das Rathaus**	**besichtigen.**
Ich	**steige**		**in Bremen**	**aus.**
Ich	**möchte**		**in Bremen**	**aussteigen.**
Natürlich	**möchte**	**ich**	**in Bremen**	**aussteigen.**

↗
markiertes Verb

14
Studie

Bitte ergänzen Sie *besuchen, einkaufen, spazierengehen, zumachen*:

a   Sie müssen die Hansestädte _____ !

b   _____ wir ein bißchen hier am Ufer

_____ ?

c   Ich _____ lieber in einem kleinen Laden mit persönlicher

Bedienung _____ .

d   Dieser Seewind! Können Sie das Fenster _____ , bitte?

Bitte ergänzen Sie *aussehen, einkaufen, haltmachen, zurückkommen*:

e   Wir _____ hier in Bremen _____ .

f   Ich _____ so ungern im Warenhaus _____ .

g   Mit der Seemannsmütze _____ du ziemlich blöd

_____ .

h   Auf Wiedersehn! Ich _____ heute abend wieder

_____ .

211

772–804   Karl der Große besetzt und christianisiert Niedersachsen.
Ab 847   Bremen wird Zentrum für die Missionierung Skandinaviens.
1358   Bremen wird Hansestadt. Die Hanse (bis etwa 1650) ist ein Städte-
            bund mit politischen, kaufmännischen und kulturellen Zielen; zu
            diesem Städtebund gehören zeitweise 200 Städte, zum Beispiel
            Köln, London, Brügge, Nowgorod. (Heute noch tragen die
            Städte Bremen, Hamburg und Lübeck den Namen Hansestadt.)
1404   Roland-Statue, Symbol für die Freiheit dieser Stadt.
1405–1410   Rathaus.
Seit 1522   Bremen evangelisch.
Seit 1949   Die „Freie Hansestadt Bremen" ist ein eigenes Bundesland.

Weitere Materialien zur Auswahl

15

„laut denken"

- Beschreiben Sie die vier Bilder.
- Was fällt Ihnen zu diesen vier Bildern ein?
- Die Statistik *Familie in Westdeutschland* zeigt die Krise der westdeutschen Familie. Suchen Sie Gründe.
- Die Familie in Ihrem Land und die westdeutsche Familie: Vergleichen Sie.

FAMILIE IN WESTDEUTSCHLAND

Kinder pro Ehepaar nach 20 Ehejahren
1900   4 Kinder
1910   3 Kinder
1970   2 Kinder

Scheidungen
1970   4,9% aller Ehen
1980   6,2% aller Ehen

„In vielen Familien bedeutet Christentum heutzutage nur noch, daß man zur Großmutter und zur Katze freundlich ist."

R.C. Bedford

Im Jahr 1987 heirateten in Westdeutschland mehr Menschen als im Jahr 1986. Aber auch die Zahl der Scheidungen nahm zu. Jede dritte Ehe in Westdeutschland endet mit der Scheidung. Fast die Hälfte der geschiedenen Ehen sind kinderlos.
Zwischen 1 und 2,5 Millionen Menschen leben in Westdeutschland in einer „wilden Ehe" ohne offizielle Heiratspapiere. Wie viele dieser Ehen mit der Scheidung enden, darüber gibt es keine Statistik.

Quelle: Bundeszentrale für politische Bildung: PZ 3/88

16
Unterhaltung

Nehmen Sie Stellung! Formulieren Sie Ihre Meinung kurz: in ein oder zwei Sätzen.

(1) Die Frau ist für den Kochtopf geboren.
(2) Die Familie ist ein Gefängnis.
(3) Ein Mensch ohne Familie ist wie ein toter Zweig.
(4) Leute, die keine besseren Ideen haben, bekommen Kinder.
(5) Liebe braucht ein Stück Distanz.
(6) Ein verheirateter Mann ist eine Puppe in der Hand der Frau.
(7) Liebe macht blind.
(8) Freundschaft kann mehr sein als Liebe.

Das Bild zeigt das Innere einer Küche im 17. Jahrhundert.
David Teniers d.J.

17

Suchen
und finden

Kein Kleid ohne	Gäste
Kein Baum ohne	Wasser
Kein Chef ohne	Faden
Keine Zeitung ohne	Flügel
Kein Koch ohne	Mitarbeiter
Kein Schwimmlehrer ohne	Zweige
Kein Vogel ohne	Leser

18

Suchen
und finden

Kein Hafen ohne	Stoff
Kein Brief ohne	Herzschlag
Kein Puls ohne	Volk
Kein Mantel ohne	Umschlag
Kein Laden ohne	Waren
Kein Maler ohne	Kai
Keine Regierung ohne	Farben

19

Schüttelkasten   Welche Wörter haben mehr als ein *Nomen*?

Rotwein   Landkarte   Theaterstück
    Hintertreppe   Biergarten   Bergwind
Schokoladenpudding   Sauerkraut   Birnenschnaps
Vorspeise   Würstchen
       Zigarettenautomat   Bergkapelle
   Oberlehrer   Volksmusik   Getränk
Unterricht   Speisekarte   Gasthaus
   Lesetext   Schwimmbad   Käsekuchen   Frühstück
        Hochzeit   Deutschkurs

20
Kontrolle

a   Der Zug hat Verspätung. Er _____ heute erst um 22 Uhr _____ .

b   Sie wollen nach Bremen? Wir fahren nach Hamburg. Bitte _____ Sie in Hannover _____ !

c   Der Zug endet hier in Flensburg, hier müssen Sie _____ .

d   Im September komme ich _____ Berlin, dann _____ ich Sie.

e   Wo _____ ihr denn gestern? _____ ihr in der Disco oder _____ ihr die Symphoniker gehört?

f   Tee bringen Sie? Ich habe Kaffee _____ .

g   Der Bus ist zu voll. Da _____ wir nicht _____ .

10 Lösungen

21
Rätsel

Senkrecht: 1   Laut schreit das Kind und ruft: „ _____ !"

                 2   Das Schloß steht in einem großen alten _____ .

                 6   Modalverb

                 7   Den ganzen Tag spielen die Kinder im _____ .

Waagerecht: 1   Eine helle Nacht, der _____ scheint.

                 2   Ist das Kind sehr krank? Haben Sie den _____ gemessen?

                 3   Wo liegt Java? Können Sie mir das im _____ zeigen?

                 4   Frühling! Unser ganzer _____ blüht.

                 5   Wir sind eine kleine Familie, wir haben nur ein _____ .

Prosodisches Zwischenspiel

Der Wortakzent

1 👓
Bitte hören Sie

kommen →	bekommen →	ankommen
kommen	bekommen	ankommen
kaufen	verkaufen	einkaufen
kaufen	verkaufen	einkaufen
stehen	verstehen	aufstehen
stehen	verstehen	aufstehen

2
Elemente

DER WORTAKZENT

● GRUNDREGEL
Der Akzent ist links.

Abend   ankommen   Apfel   Paßbild   Freundinnen   Biergarten
Fußballspiel   Schreibmaschine

● VARIATION
Nicht-trennbare Verben: Der Akzent ist auf dem Grundwort.

verkaufen   übersetzen   bekommen   Unterhaltung   bestellen
Verstand   Besuch   empfehlen

● VARIATION
Verben auf -ieren: Der Akzent ist auf ie.

telefonieren   markieren   frisieren   ich probiere es
wir kritisieren   wo studieren sie?

● VARIATION
Fremdwörter: Der Akzent ist oft rechts.

Kaffee   Universität   Student   Programm   Experiment   Kultur
Bürokratie   Politik

219

3
Schüttelkasten

gehören   aussteigen   sagen   mitfahren

anziehen   versuchen   telegrafieren   anfangen

mitbekommen   bekommen

besuchen   wollen

servieren

verlassen   beginnen

ankommen   untersuchen   kopieren   empfangen

aufhören

Ordnen Sie die Wörter und sprechen Sie sie:

1 Akzent links:	2 Akzent auf dem Grundwort:	3 Akzent auf ie:

4 ⊙⊙

Bitte
sprechen Sie

(1) sprechen
(2) hören
(3) sprechen

Wir diskutieren.
Können Sie das erklären?
Bitte versuchen Sie es!
Möchtest du mitkommen?
Ich probiere es.
Sie müssen hier aussteigen.
ein netter Besuch
ein alter Bekannter
Bitte hier umsteigen.
Studierzimmer

eine gute Erklärung
Besuchszeit
Ankunftszeit
Rasierapparat
eine wichtige Untersuchung
Wir gratulieren zum Geburtstag!
gernhaben
spazierengehen
gefallen
verabschieden

5 ⊙⊙

Bitte
sprechen Sie

(1) sprechen
(2) hören
(3) sprechen

der freundliche Buchhändler
Ein teures Doppelzimmer!
Auf Wiedersehen!
Temperatur
Musik
Musikzimmer
Universitätsbuchhandlung
Krankenzimmer
Hallenbad
Ich bezahle das Hotelzimmer.

Empfangsdame
Biologieprofessor
Zwetschgenschnaps
Salon
Friseursalon
Formular
Das dumme Anmeldeformular!
unterschreiben
Kaffee
Ein guter Frühstückskaffee!

1

2

3

4

5

6

7

8

Kapitel 12

Kernprogramm

1

Bild-
geschichte M

*STUTTGART**

1   Das war Stuttgart. Ein Städtchen zwischen Weinbergen und Wald.
2   Das ist Stuttgart heute. Eine Großstadt.
3   Früher eine kleine Stadt, mit einer ganz persönlichen Atmosphäre.
4   Heute ist Stuttgart modern und will modern sein.
5   Die Stuttgarter waren gemütliche Leute.
6   Heute sind sie kühl und sachlich.
7   Der moderne Städter hat es eilig. Denn er muß viel Geld verdienen.
8   Nur zum Essen hat er noch genug Zeit.

* Diese Bildgeschichte wurde gegenüber dem Cassettentext leicht verändert. Die Cassette
sollte nicht parallel mit dem Buch verwendet werden, sie eignet sich allenfalls für eine Hörver-
stehensübung. Die Farbdiapositive sind unverändert und können zum hier gedruckten Text
benutzt werden.

Schloßplatz, Altes Schloß

2
Analyse

Analysieren Sie die unterstrichenen Wörter. Bedeuten diese Wörter ADDITION, GEGENSATZ oder GRUND?

Gegensatz
↓

a   Früher war das eine stille, romantische Stadt, aber heute ist es nervös und modern.

b   Früher waren die Städter gemütlich und hatten Zeit.

c   Heute hat keiner Zeit, denn jeder läuft und rennt.

d   Sie bauen und bauen, aber sie werden nicht reicher.

e   Sie können nicht feiern und nicht genießen, sondern sie müssen immer nur an ihr Konto denken.

f   Die Menschen haben weniger Arbeit und viel mehr Freizeit als früher, aber sie sind unzufrieden.

g   Sie träumen von früher und lesen Bücher über die gute alte Zeit.

h   Aber das war auch früher nicht anders. Denn der Mensch ist nie zufrieden mit der Welt, wie sie ist.

224

3

Elemente   *NEBENORDNENDE KONJUNKTIONEN*

aber / denn / oder / sondern* / und

ADDITION   → _____

ALTERNATIVE   → _____*oder*_____

GEGENSATZ   → _____

GRUND   → _____

Die Konjunktionen stehen „im leeren Raum" zwischen den Sätzen.
Die Konjunktionen stehen also links von Satz 2:

Satz 1			zwischen den Sätzen	Satz 2		
I	II		↓	I	II	
Früher	**war**	**es romantisch,**	**aber**	**heute**	**ist**	**es modern.**
Das	**war**	**früher ebenso,**	**denn**	**der Mensch**	**ist**	**nie zufrieden.**
Sie	**schlafen**		**oder**	**sie**	**rennen**	**nach dem Geld.**

* Nach einer negativen Information zeigt *sondern* eine positive Information an. (Oft können wir auch beide nehmen
– *aber* oder *sondern*.)

Stiftskirche

Neues Schloß

4
Studie

Bitte nehmen Sie ein Blatt Papier. Verändern Sie die folgenden Sätze, ergänzen Sie die Konjunktionen *aber | denn | oder | sondern | und*. Schreiben Sie einen zusammenhängenden Text.

a Die Stadt war eine königliche Residenzstadt. Es gab drei Schlösser, viele Brunnen, Seen, Parks.

b Die Leute waren arm, alles Geld hatte der König.

c Man brauchte keine breiten Straßen, der Verkehr lief mit Pferdekutschen oder zu Fuß.

d Heute hat Stuttgart 560000 Einwohner. Stuttgart ist die Hauptstadt von Baden-Württemberg.

e Durch die Stadt rollt heute ein gigantischer Verkehr; in der Altstadt gibt es eine Fußgängerzone, dort ist es ruhig.

f Alt-Stuttgart war ein kultureller Mittelpunkt. Es hatte Kunstschulen, Museen, bedeutende Theater.

g Stuttgart ist heute eine Geschäfts- und Industriestadt. Die kulturelle Tradition ist lebendig geblieben, das Stuttgarter Theater ist sehr bekannt, es gibt Museen von internationaler Bedeutung.

5

Elemente   *SATZZEICHEN*

. der Punkt	Satzende	**Stuttgart ist die Hauptstadt.**
	Abkürzungen	**usw. (= und so weiter)**
	Ordinalzahlen	**4. (der vierte)**
	Uhrzeit	**9.10 (neun Uhr zehn)**
? das Fragezeichen	direkte Frage	**Haben Sie einen Globus?**
! das Ausrufezeichen	Ausrufe	**Hilfe!**
	dringende Aufforderungen	**Bitte sofort einsteigen!**
: der Doppelpunkt	vor einem Zitat	**Er sagte:** **„Ich bin ein Westdeutscher".**
	vor einer Reihe	**Unsere Nachbarn sind:** **Dänemark, die Tschecho-** **slowakei, Österreich …**
„ die Anführungszeichen	links und rechts von einem wörtlichen Zitat	**„Oh nein", sagte sie, „du lügst."**
, das Komma	trennt Satz von Satz	**Einer gewinnt, einer verliert.**
	trennt Elemente einer Reihe	**Dänemark, die** **Tschechoslowakei …**
	teilt Zahlen	**1,80 DM** **1,5 km**

Ausführliche Darstellung: ‚GRUNDGRAMMATIK DEUTSCH' Seite 226–231

6

Lesetext

Bitte ergänzen Sie
die Satzzeichen

Das Heslacher Waldheim ist täglich von 12⁰⁰ bis 20⁰⁰ geöffnet Es ist die größte Gartenwirtschaft in Stuttgart es gibt rund 1500 Sitzplätze im Freien Wer kennt diese Oase nicht Da sitzt du unter hohen alten Linden Kastanien Apfelbäumen Die Getränke mußt du dir selber holen Kaffee Tee Wein Bier Limo Saft Cola Das Essen ist gut und billig Sülze mit Kartoffeln 640 DM ein Paar Bratwürste mit Salat 480 DM Für Kinder gibt es einen hübschen Spielplatz für große Politiker ein weißes Tischtuch Willy Brandt Helmut Schmidt Bruno Kreisky kennen dieses Bierparadies

7

Textarbeit

Welche Sätze stimmen?

- [ ] a In dieser Gartenwirtschaft kann man nicht frühstücken.
- [ ] b Es gibt in Stuttgart keine größere Gartenwirtschaft.
- [ ] c Zum Mittagessen gibt es Kastanien.
- [ ] d Politiker dürfen hier nicht spielen.
- [ ] e Hier muß man sich selbst bedienen.

8

Lesetext

Die Hauptstätterstraße in Stuttgart ist in den Jahren 1400 bis 1450 entstanden.

In dieser Zeit war Prag die deutsche Hauptstadt. Das Muster für die Hauptstätterstraße ist der Wenzelsplatz in Prag. Der Wenzelsplatz ist natürlich
5 viel, viel größer als die Hauptstätterstraße, aber die geometrischen Proportionen sind genau die gleichen.

Die Hauptstätterstraße war – wie der Wenzelsplatz – ein Marktplatz. An Markttagen war diese Straße wie eine Karawanserei, voll von Wagen, Ochsen, Pferden, Waren, Käufern und Verkäufern. Er war nicht nur das wichtig-
10 ste Handelszentrum, sondern auch der Platz zum Austauschen von wahren, halbwahren und unwahren Nachrichten. Für diese Tätigkeit braucht man Getränke.

Die Hauptstätterstraße hatte also die schönsten und bekanntesten Gasthäu-

ser: den „Goldenen Ochsen", die „Sonne", die „Krone" und die „Drei
15 Könige". Im „Goldenen Ochsen" hat auch der junge Poet Schiller häufig
mit seinen Freunden Karten gespielt, gegessen und getrunken.

Von der alten Hauptstätterstraße steht nur noch ein Haus. Sie sehen das
Haus auf dem Foto. Die Straße ist nicht schöner geworden. Sie ist heute
breiter, aber die Menschen haben weniger Platz. Die Häuser sind höher,
20 aber unschön. Der Verkehr ist schneller, aber unmenschlich geworden.

Müssen moderne Städte so sein? Bauen die Menschen immer so, wie sie
selbst sind?

9

Textarbeit

a   Geben Sie den sechs Abschnitten Überschriften.

b   Und die Überschrift für den ganzen Text?

c   Die Hauptstätterstraße früher: Was haben die Leute hier gemacht? Nennen Sie möglichst viele Tätigkeiten.

d   Warum ist Schiller nicht in ein anderes Gasthaus, sondern in die Hauptstätterstraße gegangen?

e   Beschreiben Sie die beiden Bilder genau. Was ist in den Häusern? Raten
Sie.

f   Sagen Sie Ihre Meinung zum Schlußsatz unseres Textes.

10
Elemente

KOMPARATIV UND SUPERLATIV

Beispiele: **Dieses Motorrad läuft am schnellsten.**
Das ist das schnellste Motorrad.

	POSITIV	KOMPARATIV	SUPERLATIV
1	schnell	schneller	am schnellsten der schnellste
2	stark	stärker	am stärksten der stärkste
	jung	jünger	am jüngsten der jüngste

*

Besondere Formen:

gern	lieber	am liebsten
groß	größer	am größten der größte
gut	besser	am besten der beste
viel	mehr	am meisten das meiste, die meisten

* Umlaut im Komparativ und Superlativ:

**alt   arg   arm   hart   kalt   krank   lang   nah   scharf   schwach
schwarz   stark   warm
grob   groß   hoch
dumm   gesund   jung   klug   kurz**

Ausführliche Darstellung: ‚GRUNDGRAMMATIK DEUTSCH' Seite 82/83

11

Suchen
und finden

Riesige Häuser.

→ Ja, größer als früher.

Reiche Leute.   Viele Plakate.
Große Läden.   Teure Restaurants.
Dicke Männer.   Hohe Häuser.
Saubere Straßen.   Viel Verkehr.

12

Suchen
und finden

Eine saubere Straße!

→ Ja, sie war einmal schmutziger.

Ein teures Hotel!   Ein leeres Kino!
Ein dicker Mann!   Ein ungemütliches Lokal!
Ein schlechtes Restaurant!   Eine riesige Bank!
Ein nervöser Herr!   Ein trauriger Mann!

13

Suchen
und finden

Wie geht es Ihnen?

→ Besser als gestern.

Wie finden Sie das Wetter heute?   Fahren Sie Auto?
Schmeckt der Tee mit Milch?   Haben Sie rote Rosen gern?
Sitzen Sie gern im Garten?   Ist die Torte süß?
Sprechen Sie Englisch?   Rauchen Sie Zigaretten mit Filter?

Die Übungen Nummer 11 und 12 wurden gegenüber dem Cassettentext leicht verändert. Die Cassette eignet sich für einen eigenen Durchgang unabhängig vom Buch, aber nicht im direkten Zusammenhang mit dem Übungstext, der im Buch steht.

14
Studie

a   So eine große Wirtschaft!
    Ja, aber das Waldheim ist noch ___*größer*___ .

b   So viele Leute!
    Ja, aber im Waldheim sind noch _____ .

c   So ein billiges Essen!
    Ja, aber im Waldheim ist es noch _____ .

d   Und so gutes Bier!
    Ja, aber im Waldheim ist es noch _____ .

e   Gemütliches Lokal.
    Ja, aber das Waldheim ist noch _____ .

f   Aber kalt wird es jetzt.
    Gehen wir doch rein, da ist es _____ .

g   Rauchst du immer so viel?
    Viel? Mein Bruder raucht noch _____ .

h   Bleibt ihr immer so lang in der Wirtschaft?
    Klar! Viele Leute bleiben noch _____ .

15
Unterhaltung

Bitte schlagen Sie die Seiten 196/197 dieses Lehrbuchs auf. Vergleichen Sie
nun die deutschsprachigen Länder und Städte. Zum Beispiel:
    Die Schweiz ist das kleinste deutschsprachige Land ...
    Berlin ist die größte deutschsprachige Hauptstadt ...
    Wien hat mehr Einwohner ...

Deutschsprachige Städte:			
Berlin	3 100 000	Düsseldorf	570 000
Hamburg	1 570 000	Stuttgart	566 000
Wien	1 530 000	Leipzig	555 000
München	1 300 000	Bremen	520 000
Köln	970 000	Dresden	520 000
Essen	630 000	Zürich	350 000
Frankfurt	615 000	Bonn	290 000
Dortmund	585 000	Bern	140 000
		Zahlen 1987	

16
Lesetext

eingeführt als Lückendiktat (Diktattext im Lehrerheft)

Eine Stadt kann _____ machen. Eine Stadt kann _____ machen. Für wen

ist die Stadt da? Für die Autos oder für die Menschen? Für die Firmen oder für die Menschen?

Für die _____ oder für die Menschen? Eine Stadt muß Raum

haben. Raum für das Spiel. Raum für _____ und _____. Raum für

_____ und Leben. Das Stadtzentrum, das wir brauchen, muß _____

bieten, Helligkeit, _____. Hier kann man

essen und trinken	Zeitungen und Bücher lesen
einkaufen	spielen
gehen und stehen, wo man will	fragen und Antwort bekommen
gehen und stehen, wann man will	allein sein
	Kontakt suchen und finden
bummeln, _____	Musik machen
	Mensch sein.
_____ führen	
nichts tun	10 Lösungen

17
Unterhaltung

Was ist im Stadtzentrum wichtig? Streichen Sie, was nach Ihrer Meinung nicht wichtig ist. Begründen Sie bitte Ihre Wahl.

Tische,	Kinos,	Kioske,
Stühle,	Bäume,	Biergärten,
Blumen,	Buchhandlungen,	Konditoreien,
Versicherungen,	Parks,	Krankenhäuser,
Cafés,	Restaurants,	Weinstuben,
Theater,	Gärten,	Garagen,
Flugplätze,	Kneipen,	Brunnen,
Discos,	Autobahnen,	Kirchen,
Finanzämter,	Fabriken,	Tankstellen.
Spielplätze,	Sonnenschirme,	

18 ⊙⊙
Hören
und verstehen

Nehmen Sie ein Blatt Papier. Bitte schreiben Sie immer die Antwort.

Weitere Materialien zur Auswahl

Verse von Bertolt Brecht. Etwa 1937. Typoskript

Schiller

Hölderlin

19
Lesetext

Aus der Südwestecke Deutschlands kommt eine besondere Art von harten Köpfen. Viele haben ein unbequemes Leben gewählt.

C.F.D. SCHUBART, der wichtigste politische Journalist seiner Zeit, schreibt gegen die Despotie, für die Toleranz. Zur Strafe sitzt er zehn Jahre lang im Gefängnis. Er stirbt 52jährig (Stuttgart, 1791).

FRIEDRICH SCHILLER kämpft in seinen Theaterstücken für die Freiheit, die innere und die äußere. Er darf in Württemberg nicht publizieren und verläßt Stuttgart 1782. Schiller stirbt 46jährig in Weimar.

FRIEDRICH HÖLDERLIN arbeitet für die Revolution, aber gegen die blutige. Die letzten 38 Jahre seines Lebens lebt er krank in Tübingen.

G.W.F. HEGEL, geboren in Stuttgart 1770, Theologe wie Hölderlin: Seine ganze Philosophie kann man verstehen als Argumentation gegen die engen Theorien der Kirche.

Die Parlamentarierin CLARA ZETKIN (in Stuttgart 1891–1933) kämpft für die Rechte der Frau, gegen ihre Versklavung. Sie muß Deutschland 1933 verlassen.

ERWIN ROMMEL, General im Zweiten Weltkrieg, arbeitet ab 1943 gegen Hitler und muß sich selbst töten. Sein Sohn ist heute Bürgermeister in Stuttgart.

ERHARD EPPLER, geboren 1926, Theologe und Politiker, kämpft für die Friedensbewegung und die Ökologiebewegung. Er sucht einen Weg zwischen rechts und links, zwischen Resignation und Revolution.

Clara Zetkin

Hegel

Rommel

Schubart

Eppler

20

Werkstatt

in kleinen Gruppen

Klonen

Dies ist ein Gedankenspiel, und dazu brauchen wir eine Hypothese. Unsere Hypothese ist: Seit einem Monat wissen wir, wie man Menschen vervielfältigt. Natürlich wollen wir das nicht real machen. Wir spielen nur mit unseren Gedanken: Welche Leute wollen wir vervielfältigen? Bitte wählen Sie aus:

eine Frau / einen Mann   aus der Kunst
eine Frau / einen Mann   aus der Wissenschaft
eine Frau / einen Mann   aus der Politik
eine Frau / einen Mann   aus dem Sport
eine Frau / einen Mann   aus …

Begründen Sie Ihre Wahl ausführlich.
Welche Leute möchten wir *nicht* vervielfältigen?

21

Das richtige Wort

Bitte nehmen Sie ein Blatt Papier. Notieren Sie den Singular dieser Wörter:

Dörfer, Städte, Schlösser, Kirchen, Straßen, Plätze, Gärten, Parks, Weinberge, Gasthäuser, Hotels, Cafés, Bars, Räume, Zimmer, Tische, Betten, Lampen.

22

Das richtige Wort

Bitte nehmen Sie ein Blatt Papier. Notieren Sie die Verben:

der Blick ← *blicken*

die Erzählung, der Flug, die Freude, die Hilfe, die Küche, die Wohnung, der Bau, der Händler, die Bedeutung, der Koch, die Sprache, die Bedienung.

23

Spiel

Geschenke raten

Jede Gruppe packt heimlich ein Objekt – ein „Geschenk" – in einen Karton oder in Papier. Die anderen Gruppen raten, was es ist.

Beispiel: Schokoladetafel

Fragen:		
	Ist es groß?	Nein.
	Ist es rund?	Nein.
	Ist es teuer?	Teurer als ein Stück Brot.
	…	

24

Unterhaltung

Haben es die Menschen in der Großstadt besser als auf dem Dorf? Finden Sie möglichst viele Stichwörter:

	Großstadt	Dorf
Wohnen		
Partys		
Arbeit/Schule		
Schwimmen		
Luft		
Verkehr		
Kino/Theater		
Tiere		
Einkaufen		
Lesen		

25

Das richtige
Wort

Benutzen Sie
das Wörterbuch

groß	– *die Größe*	nah	– _____
frisch	– _____	scharf	– _____
weit	– _____	tief	– _____
lang	– _____	_____	– die Ruhe
warm	– _____	_____	– die Eile
hart	– _____	_____	– der Fleiß
kurz	– _____	_____	– der Reichtum
leer	– _____	_____	– die Armut

26

Szene

Herr Sturm: Guten Tag, Herr Winter, wo _waren_ Sie denn gestern abend?

Herr Winter: Gestern abend? Das weiß ich nicht mehr. Moment, mir fällt ein: Gestern _____ wir doch zusammen im „Waldheim". Da _____ doch gestern ein Fest.

Herr Sturm: So??

Herr Winter: Gestern abend _____ Sie ja ganz schön blau, Herr Sturm!

Herr Sturm: Ich?? Ich weiß nur: Sie, Herr Winter, Sie _____ gestern einen enormen Schwips.

Herr Winter: Also _____ wir gestern beide blau?

Herr Sturm: So ist es. Das _____ wahrscheinlich der gleiche Schwips.

27 ⊙⊙
Variation

Nick: Du, Max, wo _____ du denn gestern abend?

Max: Keine Ahnung. Ach, mir fällt ein: ich _____ doch gestern

abend bei euch, Nick! Bei euch _____ doch ein Sommer-

fest!

Nick: So??

Max: Du _____ ja gestern einen kolossalen Schwips, mein lieber

Nick!

Nick: Ich?? Ich weiß nur: Du, mein lieber Max, du _____ ganz

schön blau gestern.

Max: Also _____ wir beide blau?

28
Kontrolle

Ist Ihr Bruder intelligent? — Ja, aber ich bin *intelligenter* _____ .

a Ist Ihr Bruder fleißig? — Ja, aber ich bin _____ .

b Ist Ihr Bruder schlank? — Ja, aber ich bin _____ .

c Ist Ihre Freundin groß? — Ja, aber ich bin _____ .

d Hat Ihr Vater viel Geld? — Ja, aber _____ .

e Spielt Ihr Bruder Gitarre? — Ja, aber _____ .

f Kann Ihre Schwester singen? — Ja, aber _____ .

g Fährt Ihr Bruder Motorrad? — Ja, aber _____ .

h Meine Schwester ist intelligent, _____ sie arbeitet leider nichts.

i Ich trinke keinen Alkohol, _____ nur Milch und Säfte.

k Wir bleiben im Urlaub hier, _____ hier ist es am schönsten.

10 Lösungen

241

Phonetisches Zwischenspiel

Das vordere ch

1
Elemente
j

Wir schreiben **j**
Wir sprechen das wie y in yes, New York, Yen, Goya.

2 👓
Bitte
sprechen Sie

in jungen Jahren
jetzt im Januar
Die jungen Leute lernen Joga.
Ja, ich nehme Joghurt.

Jawohl, Majestät!
jedes Jahr
die junge Japanerin
Juni und Juli

3
Elemente
ch

Das vordere **ch**

1) nach i e ä ö ü ei eu l n r:
   ich, Michael, natürlich
   recht, der nächste, lächeln
   möchte, der höchste
   Bücher, Früchte
   leicht, gleich, reich, weich
   euch, leuchten
   Milch
   München, manchmal
   durch, Kirche, furchtbar

2) in -chen:
   Mädchen, Kindchen, Kätzchen, ein bißchen

3) in der Endung -ig:
   billig, fertig, ledig, richtig, wenig, wichtig.

Das vordere ch ist leicht zu sprechen. Sagen Sie „ja", sprechen Sie das j sehr lang und flüstern Sie es nun (keine Stimme). Nehmen Sie viel Luft. Das Resultat ist das vordere ch.

4 ⊙⊙

Bitte
sprechen Sie

Ich spreche.
Mädchen Licht Gesicht
Ich höre dich, ich frage dich.
Spreche ich richtig?

höflich freundlich
Ich bin nicht sicher.
Ich nehme es leicht.
Ich nehme es nicht wichtig.

Möchten Sie Milch?
Warum sprechen Sie nicht?
Das Mädchen lächelt.
Glücklicherweise bin ich ledig.

Freust du dich nicht?
ein Becher Milch
Die Brücke bricht.
ein höfliches Lächeln

5 ⊙⊙

Bitte
hören Sie

misch	→ mich
schielen	Chile
Menschen	Männchen
Schema	Chemie
wischen	wichtig
Kirsche	Kirche
löschen	Licht

6 ⊙⊙

Bitte
sprechen Sie

Kirche	→ Kirsche	→ Kirche
mich	misch	mich
Herrchen	herrschen	Herrchen
Licht	löschen	Licht
dich	Tisch	dich
München	wünschen	München
Früchte	frisch	Früchte

Kapitel 13

Kernprogramm

1
Studie

● Welche Bilder passen?

Bild
Nummer

_____ Ich repariere meinem Freund das Fahrrad.

_____ Ich gieße die Tante.

_____ Ich kaufe dem Mädchen einen Blumenstrauß.

_____ Ich repariere meinen Freund.

_____ Ich koche das Baby.

_____ Ich gieße meiner Tante die Blumen.

_____ Ich kaufe das Mädchen.

_____ Ich schenke Zwillinge.

_____ Ich schenke den Zwillingen eine große Tafel Schokolade.

_____ Ich koche dem Baby die Suppe.

● Notieren Sie bitte: Welche Sätze sind normal?
Welche Sätze sind nicht normal?

2
Elemente   *DEKLINATION*

	SINGULAR	
	maskulin	feminin
NOMINATIV	**der Freund** **ein Freund** **mein Freund**	**die Frau** **eine Frau** **meine Frau**
AKKUSATIV	**den Freund** **einen Freund** **meinen Freund**	
DATIV	**dem Freund** **einem Freund** **meinem Freund**	**der Frau** **einer Frau** **meiner Frau**

3
Kombination   I   II

	I	II	
Ich	serviere kaufe schreibe repariere	meinem Vater meinen Gästen meinem Sohn meiner Freundin	einen Liebesbrief. die Haustür. das Abendessen. einen Fußball.

4
Kombination   I   II

I		II	
Ich Der Junge Die Mutter Das Mädchen	gibt schicke serviert	dem Pferd den Gästen dem Baby meiner Frau	Zucker. Rosen. das Menü. Milch.

	SINGULAR	PLURAL
	neutrum	maskulin = feminin = neutrum
	das Kind	die Freunde, Frauen, Kinder
	ein Kind	Freunde, Frauen, Kinder
	mein Kind	unsere Freunde, Frauen, Kinder
	dem Kind	den Freunden, Frauen, Kindern
	einem Kind	Freunden, Frauen, Kindern
	meinem Kind	unseren Freunden, Frauen, Kindern

5

Studie

a   Ich habe _____ Freundin eine Postkarte geschrieben.

b   Ich biete _____ Kollegen _____ Zigarette an.

c   Der Junge bringt _____ Gästen Bier.

d   Ich habe _____ Freund 100 Mark geliehen.

e   Ich bestelle _____ Sohn _____ Eis.

f   Wir servieren _____ Freunden _____ Frühstück.

g   Ich habe _____ alten Herrn _____ Uhr gekauft.

h   Ich gebe _____ Frau _____ Kuß.

i   Wir kaufen _____ Kindern Weihnachtsgeschenke.

k   Ich gebe _____ Katze Milch.

6
Elemente

DAS VERB DIRIGIERT DEN SATZ

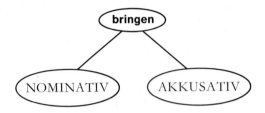

Ich bringe Rosen.

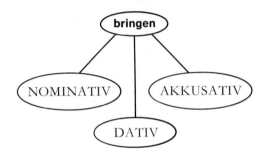

Ich bringe meiner Freundin Rosen.

7
Analyse

Bitte unterscheiden Sie: Welches Wort steht im Akkusativ?
Welches Wort steht im Dativ?

Dativ   Akkusativ

a   Ich zeige meinen Freunden meine Heimatstadt.

b   Wir schenken dem kleinen Matti einen Fußball.

c   Die Schokoladetafel schenke ich meiner Oma.

d   Dem Mann glaube ich nichts.

e   Ich möchte meinen Eltern die Universität zeigen.

8
Analyse

Ich schreibe meinem Freund eine Postkarte.

Was steht hier im Akkusativ?
☐ Partner
☐ Sache

Was steht hier im Dativ?
☐ Partner
☐ Sache

Nun notieren Sie selbst die Regel:

Der Akkusativ nennt hier immer _____ .

den Partner oder die Sache?

Der Dativ nennt hier immer _____ .

den Partner oder die Sache?

9
Studie

Finden Sie einen Partner, ergänzen Sie den Dativ.

a   Ich habe einen Kaffee bestellt.

  Ich habe den Gästen einen Kaffee bestellt.

b   Hast du die Postkarte geschrieben?

c   Ich möchte einen Ring kaufen.

d   Wir schicken ein Glückwunschtelegramm.

e   Haben Sie das Fotobuch geschickt?

f   Ich muß einen Geburtstagsbrief schreiben.

g   Wir wollen eine Platte schenken.

h   Helmut hat Blumen gebracht.

i   Ich habe eine Amerika-Reise gebucht.

k   Hast du das Frühstück gebracht?

10
Studie

a _____ Freunden bringen wir _____ Blumenstrauß mit.

b _____ Theaterkarten habe ich _____ Eltern geschenkt.

c   Können Sie _____ Freundin _____ Auto reparieren?

d   Ich habe _____ Chef _____ ganze Geschichte erzählt.

e _____ Leuten leihen wir nichts.

f   Ich muß _____ alten Frau _____ Medikamente holen.

g   Kannst du bitte _____ Großeltern _____ Einladungsbrief schreiben?

h   Ich habe _____ Kind _____ Zirkuskarte geschenkt.

i   Wir geben _____ Reitpferden Zucker.

k   Hilfe! Das kleine Mädchen öffnet _____ Tiger _____ Tür ins Freie.

11
Schüttelkasten   Finden Sie Sätze mit *zeigen*

mündlich und/oder
schriftlich

Gast   Computer   Freund
Fotos   Briefmarken   Wohnung
Garten   Freundin   Maria   Videofilm

12

Schüttelkasten

mündlich und/oder
schriftlich

Finden Sie Sätze mit *kaufen*

Lederhose   Schuhe   Schottenrock
Nußtorte   Freundin   Ring   Abendkleid
Mädchen   Flasche Wein   Sohn

13

Elemente

FRAGEWÖRTER

wer (nur für Personen)
was (nur für Sachen)

NOMINATIV	wer?	}	
AKKUSATIV	wen?		was?
DATIV	wem?		—

14

Suchen
und finden

Wem schreibst du?
   → Meiner Mutter.

Was schreibst du?
   → Eine Postkarte.

Wem schenken wir die Platte?   Wen grüßen Sie denn da?
Was schenken wir den Eltern?   Wen wollen wir einladen?
Was liest du?   Wem habe ich das Geld geliehen?
Wem gehört der Hut?   Was kaufe ich Veronika?

15
Studie

Finden Sie
das Fragewort

a Ich will mal anrufen. _Wen_ ?

b Hast du es nicht gelesen? _____ ?

c Ich schreibe gerade einen Brief. _____ ?

d Können Sie mal helfen? _____ ?

e Hast du das gelesen? _____ ?

f Liebst du ihn? _____ ?

16
Elemente

DAS PERSONALPRONOMEN

	SINGULAR					
NOMINATIV	ich		du	er		
		Sie			sie	es
AKKUSATIV	mich		dich	ihn		
DATIV	mir	Ihnen	dir	ihm	ihr	ihm

	PLURAL				
NOMINATIV	wir		ihr		sie
		Sie			
AKKUSATIV	uns		euch		
DATIV		Ihnen			ihnen

17 ⊙⊙
Bitte
sprechen Sie

Wie geht es Ihnen?
→ Danke, es geht mir gut.

Wie geht es Ihrem Bruder?
Wie geht es euch?   Wie geht es Ihren Eltern?
Wie geht es Fritz?   Wie geht es deiner Frau?
Wie geht es deiner Freundin?   Wie geht es Ihnen?
Wie geht es dir?   Wie geht es deinem Freund?

18
Suchen
und finden

Gehört dir die Tasche?
→ Mir? Nein.

Gehört euch das Auto?
→ Uns? Ja.

Gehört dir der Mantel?   Gehört dir das Hemd?
Gehört dir das Kleid?   Gehört euch der Koffer?
Gehört euch der Ball?   Gehört dir die Jacke?
Gehört Ihnen die Bluse?   Gehört euch der Hund?

gefallen   passen   schmecken

19
Suchen
und finden

Schmeckt dir der Salat?
→ Ja, er schmeckt mir prima.

Gefällt dir der Mantel?
→ Ja, er gefällt mir gut.

Gefällt dir die Tasche?   Paßt dir der Rock?
Schmeckt dir der Kuchen?   Gefällt dir die Uhr?
Paßt dir die Mütze?   Gefallen dir die Handschuhe?
Gefallen dir die Schuhe?   Paßt dir der Ring?
Passen dir die Schuhe?   Schmeckt dir der Tee?
Schmeckt dir die Marmelade?   Gefällt dir das Kleid?

20
Elemente

DAS VERB DIRIGIERT DEN SATZ

Einige Verben haben nur NOMINATIV.

Viele Verben haben NOMINATIV + AKKUSATIV.

Viele Verben haben NOMINATIV + AKKUSATIV+DATIV.

Einige Verben haben NOMINATIV + DATIV.

a **Ich schlafe.**

b 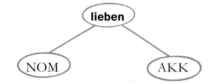 **Ich liebe dich.**

c 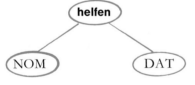 **Ich helfe dir.**

d 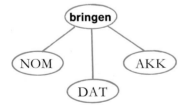 **Ich bringe dir einen Nußkuchen.**

Beispiele:

Bitte begleiten Sie mich!   **Bitte antworten Sie mir!**
Bitte besuchen Sie mich!   **Bitte glauben Sie mir!**
Bitte fragen Sie mich!   **Bitte helfen Sie mir!**

21
Elemente

WORTPOSITION IM SATZ

Regel 1:   Dativ   Akkusativ

Beispiele: **Ich bringe den Gästen das Frühstück.**

 Ich bringe dir   das Frühstück.

Regel 2: Das Personalpronomen im Akkusativ wandert nach links.

Beispiele: **Ich bringe es den Gästen.**

 Ich bringe es dir.

22
Studie

Ergänzen Sie
das Personalpronomen

a   Darf ich ___*Ihnen*___ einen Kaffee machen?

b   Hoffentlich schmeckt _____ die Torte.

c   Ach, Sie waren krank? Hoffentlich geht es _____ wieder

 besser?

d   Hier hast _____ meinen Schirm. Kannst du _____ _____ morgen
 zurückbringen?

e   So ein lustiger Brief! Ich muß _____ _____ vorlesen.

f   Deine Handschuhe willst _____? Ich bringe _____ _____ gleich.

g   Ich wünsche _____ viel Erfolg!

h   Ich schreibe dir nächste Woche einen Scheck und schicke _____ _____
 nach Frankfurt.

i   Darf ich Sie mal fragen: Wie alt sind _____ eigentlich?

k   Das kann ich _____ unmöglich glauben, liebe Frau Konzelmann.

255

23

Spiel

Bilden Sie bitte kleine Gruppen (immer nur 2 oder 3 Teilnehmer). Gruppe A studiert eine Minute lang die Teilnehmer der Gruppe B; Gruppe B studiert die Teilnehmer der Gruppe A; Gruppe C studiert die Teilnehmer der Gruppe D usw. Dann trennen sich die Gruppen. Beschreiben Sie nun zusammen die Kleider der Teilnehmer der anderen Gruppe (schriftlich): Bob trägt dunkelbraune Schuhe und ...

24

Spiel

Tauschen Sie Ihre Kleider und urteilen Sie:

Dein Mantel paßt mir ⟨ nicht / schlecht / genau

Paßt mir deine Jacke?

Mein Pullover steht dir ⟨ ausgezeichnet / gut / nicht

25 ⊙⊙

Bitte
sprechen Sie

Haben Sie reine Wolle?
→ Wir haben nur reine Wolle.

Haben Sie echtes Leder?
Haben Sie reinen Wein?   Haben Sie echtes Gold?
Haben Sie echte Seide?   Haben Sie frische Milch?
Haben Sie frisches Obst?   Haben Sie englischen Whisky?
Haben Sie gute Schokolade?   Haben Sie echtes Silber?

26 ⊙⊙

Bitte
sprechen Sie

Ich suche eine gute Uhr.
→ Gute Uhren haben wir genug.

Ich suche eine gute Tasche.   Ich suche eine gute Zeitung.
Ich suche einen guten Schirm.   Ich suche eine gute Hose.
Ich suche eine gute Kamera.   Ich suche ein gutes Buch.
Ich suche ein gutes Auto.   Ich suche einen guten Pullover.
Ich suche eine gute Sonnencreme. Ich suche eine gute Sonnenbrille.

27 ⊙⊙

Bitte
sprechen Sie

Nimmst du den dunklen Mantel?
→ Nein, den hellen.

Nimmst du das lange Kleid?
Nimmst du die teure Hose?   Nimmst du die billigen Schuhe?
Nimmst du den hellen Pyjama?   Nimmst du den dicken Mann?
Nimmst du den kleinen Schirm?   Nimmst du die dünnen Handschuhe?
Nimmst du das alte Auto?   Nimmst du die helle Krawatte?

28

Suchen
und finden

Gefällt dir die Seide?
→ Ja. Ist das chinesische Seide?
Gefällt Ihnen die Wolle?
→ Ja. Ist das deutsche Wolle?

Gefällt Ihnen das Leder?   Gefallen Ihnen die Kleider?
Gefällt Ihnen der Stoff?   Gefällt Ihnen der Schmuck?
Gefällt dir das Porzellan?   Schmeckt dir der Wein?
Schmeckt Ihnen der Tee?   Gefallen Ihnen die Schuhe?

29
Analyse *DIE NOMENGRUPPE*

	SINGULAR	
	maskulin	feminin
NOMINATIV	**der Stoff** **blauer Stoff**	**die Seide** **reine Seide**
AKKUSATIV	**den Stoff** **blauen Stoff**	
DATIV	**dem Stoff** **blauem Stoff**	**der Seide** **reiner Seide**

→ a Vergleichen Sie die Endungen der bestimmten Artikel und die Endungen der Adjektive!

→ b Welche Konsonanten sind charakteristisch? (Notieren Sie *nur* die Konsonanten!)

Diese Konsonanten sind charakteristisch (=Signale):

	SINGULAR			PLURAL
	maskulin	feminin	neutrum	
NOMINATIV			**s**	
AKKUSATIV				
DATIV				

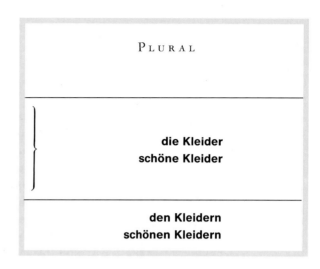

SINGULAR	PLURAL
neutrum	
das Leder echtes Leder	die Kleider schöne Kleider
dem Leder echtem Leder	den Kleidern schönen Kleidern

30 ⊙⊙

Bitte
sprechen Sie

Den weißen Schirm nehme ich.
→ Der ist teuer, der weiße Schirm!

Die blaue Hose nehme ich.
Den schwarzen Hut nehme ich.
Das lange Kleid nehme ich.
Die braunen Schuhe nehme ich.
Das weiße Nachthemd nehme ich.
Die weißen Strümpfe nehme ich.
Die rote Perücke nehme ich.
Den blauen Kimono nehme ich.
Die weißen Handschuhe nehme ich.

31
Elemente   *DIE NOMENGRUPPE*

	SINGULAR	
	maskulin	feminin
NOMINATIV	**der** Stoff **blauer** Stoff **der blaue** Stoff **ein blauer** Stoff	**die** Seide **reine** Seide **die reine** Seide **eine reine** Seide
AKKUSATIV	**den** Stoff **blauen** Stoff **den blauen** Stoff **einen blauen** Stoff	
DATIV	**dem** Stoff **blauem** Stoff **dem blauen** Stoff **einem blauen** Stoff	**der** Seide **reiner** Seide **der reinen** Seide **einer reinen** Seide

32 ∞

Bitte
sprechen Sie

Der rote Pulli sieht gut aus.
→ Willst du wirklich einen roten Pulli?

Das violette Kleid sieht gut aus.
Die weißen Schuhe sehen gut aus.
Der rote Rock sieht gut aus.
Das rote Tuch sieht gut aus.
Der schwarze Pyjama sieht gut aus.
Der silberne Gürtel sieht gut aus.
Das dunkelrote Hemd sieht gut aus.
Der goldene Bikini sieht gut aus.
Die blauen Schuhe sehen gut aus.

SINGULAR	PLURAL
neutrum	

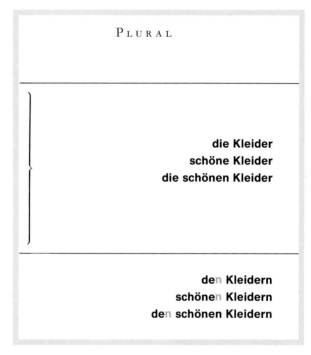

da**s Leder**	
echte**s Leder**	**die Kleider**
da**s echte Leder**	**schöne Kleider**
ein echtes Leder	**die schönen Kleider**
de**m Leder**	de**n Kleidern**
echte**m Leder**	schöne**n Kleidern**
de**m echten Leder**	de**n schönen Kleidern**
einem echten Leder	

REGEL: Das Signal (= der charakteristische Konsonant) kommt im Artikel *oder* im Adjektiv. Wenn der Artikel das Signal hat, braucht das Adjektiv kein Signal. Das Adjektiv nimmt dann oft ein n (Kontakt-n).

Komplette Darstellung: GRUNDGRAMMATIK DEUTSCH Seite 87–89

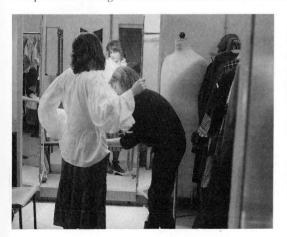

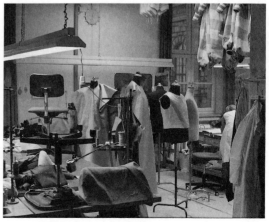

261

33

Kombination

1. Beschreiben Sie bitte die Mannequins und die Kleider.
2. Welche Kleider gefallen Ihnen (nicht)? Warum?
3. Welche Mannequins gefallen Ihnen (nicht)? Warum?

das Hemd
die Bluse
die Weste
der Pullover = der Pulli
der Rock
die Hose
die Jeans (Plural)
die Shorts (Plural)
die Jacke
der Mantel
das Kleid
der Kimono
der Pyjama

die Strümpfe (Plural)
die Schuhe (Plural)
die Handschuhe (Plural)

die Tasche
der Koffer
die Mütze
der Hut
der Schirm
die Krawatte
der Gürtel

echt
blau
rot
grün
grau
gelb
braun
violett
schwarz
weiß
hell (hellgrün, hellblau …)
dunkel (dunkelgrün, dunkelrot …)

34 ⊙⊙
Lesetext

Gibt es einen „deutschen Stil" in der Mode? Oder ist deutsche Mode nur
ein Mauerblümchen, unsichtbar neben Mailand und Paris?
Einige Antworten von Jil Sander, der bekanntesten deutschen Designerin.
Sie lebt und arbeitet in Hamburg. Sie entwirft Kleider, Kosmetik, Brillen.
5 Kleidung ist – sagt Jil Sander – „der individuelle Ausdruck einer Persön-
lichkeit". Jil Sander hält nichts von der „Diktatur der Mode". „Mode muß
so flexibel sein wie das Leben der Frau von heute".
Jil Sander vermeidet in ihren Arbeiten „alle dramatischen Effekte". Sie
wählt „Farben, die Ruhe vermitteln". Ihr Stil ist „klar, emotionslos, fast
10 androgyn".
Wer ist Jil Sander? Sie raucht nicht, beschäftigt sich mit moderner Kunst,
hat okkulte Interessen. Ihre Mode entsteht nicht aus dem Moment und
nicht für den Moment. Kunst ist weglassen, heißt ihr Prinzip. Weniger
ist mehr. Ruhe, Klarheit, Ausstrahlung – ein spezifisch deutscher Beitrag
15 zur Welt der Mode?

35
Textarbeit

a Bitte kommentieren Sie die Sätze:
Kunst ist weglassen.
Mode muß flexibel sein.

b   Was ist
   Diktatur der Mode?
   „nicht für den Moment"?
   ein Mauerblümchen?
   Ausstrahlung?
   androgyn?

c   Beschreiben Sie den Jil-Sander-Stil in einem Satz.

d   Vergleichen Sie das Porträt Jil Sander und ihre Arbeiten.

e   Gefällt Ihnen der Stil von Jil Sander? Oder welcher andere Stil gefällt
   Ihnen besser?

36
Studie

a   Mit dem _____ Hut kannst du
   nicht mehr auf die Straße gehen!

   > Doch, mir gefällt gerade der alte Hut.

b   Wie gefällt Ihnen die grüne Bluse?

   > Mit der _____ Bluse sehen Sie
   > gut aus!

c   Sind deine Schuhe neu?

   > Nein, das sind _____ Schuhe.

d   Paßt Ihnen der rote Pulli?

   > Ja, den nehme ich, den _____
   > Pulli.

e   Wie sehe ich aus in dem _____
   Abendkleid?

   > Das schwarze Abendkleid steht dir ausge-
   > zeichnet.

f   Haben Sie einen violetten Maxirock?

   > Leider nicht. Wie gefällt Ihnen der
   >
   > _____ hier? Oder der
   >
   > _____ ?

g   In dem _____ Ledermantel siehst du
   aus wie ein Marsmensch.

   > Warum gefällt dir der schwarze Ledermantel
   > nicht? Das ist modern!

h   Ich bin 2,10 m groß.

   > Tut mir leid, so einen _____
   > Mantel haben wir nicht.

37

Unterhaltung

eventuell vorbereitet
in kleinen Gruppen

- Orientieren Sie sich nach der Mode?
- Warum? Warum nicht?
- Ist Ihnen bei anderen Menschen wichtig, welche Kleider sie tragen?
- Warum? Warum nicht?
- Kann man an den Kleidern sehen, wer der andere ist?
- Kann die Kleidung einen Menschen verändern? Wie? Beispiele?
- Kann die Frisur einen Menschen verändern? Beispiele?

38

Werkstatt

in kleinen Gruppen
fakultativ

Jeder Mensch liebt bestimmte Farben und liebt andere Farben nicht. So wählt er dann die Farben für seine Wohnung, seine Kleidung, seine Kosmetik.

- Es gibt
  - kühle und warme Farben
  - schwere und leichte Farben
  - Farbkombinationen mit starken Kontrasten und Farbkombinationen mit geringen Kontrasten.

  Was mögen Sie lieber?
- Können Farben Gefühle, Emotionen ausdrücken? Beispiele?
- Welches sind Ihre liebsten Farben? Nennen Sie zwei oder drei.
- Sie möchten zusammen jede(n) Teilnehmer(in) Ihrer Gruppe in „seinen"/„ihren" Farben kleiden. Hat er, hat sie die „richtigen" Farben gewählt? Welche Farben möchten Sie ihm/ihr empfehlen?

39 👓

Kleiner Dialog

Asta:	Was kostet das weiße Tuch?
Verkäuferin:	Das indische? 14,— DM.
Asta:	Und das violette?
Verkäuferin:	Auch 14,— DM. Dazu paßt der Mantel hier, der violette.
Asta:	Darf ich den mal anprobieren, den violetten Mantel?
Verkäuferin:	Bitte, kommen Sie!

40

Variation

A Wie paßt mir der _____ Arbeitsmantel?

B Klasse!

A Was kostet der wohl?

B Sechzehn.

A Und der _____ Mantel?

B _____ .

A Ich nehme _____ .

41
Ihre Rolle,
bitte

Führen Sie ähnliche Kaufgespräche. Die Wörter dafür finden Sie auf
Seite 262.

42
Kombination

A: Du bist ja so braun? Bist du am Meer gewesen?
B: Nein, ich bin ...

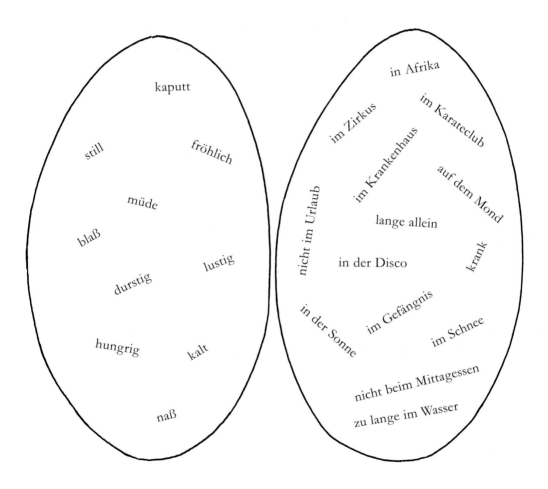

43 ⊙⊙
Hören und
verstehen

Nehmen Sie ein Blatt Papier. Bitte schreiben Sie immer die Antwort.

Weitere Materialien zur Auswahl

44
Das richtige
Wort

Wie heißen die Nomen ohne Diminutiv?

das Bäumchen, das Blümchen, das Büchlein, das Röschen, das Kännchen, das Köfferchen, das Söckchen, das Schwesterchen, das Stückchen, das Töchterchen, das Gläschen, das Städtchen, das Röckchen, das Hütlein, das Täschchen, das Mützchen, das Höschen, das Kleidchen, das Jäckchen, das Mäntelchen.

der Baum, die Blume,

Beachten Sie: Alle Nomen mit -chen und -lein sind neutrum.

45
Das richtige
Wort

Man kann nie genug klagen!

Ich habe   *Zahn*   -weh

-schmerzen

46
Kontrolle

I   Bauen Sie fünf Sätze mit dem Verb *leihen*.

Beispiel: Ich leihe meiner Kollegin den Hausschlüssel.

Freund	Uhr	Max	Sonnenbrille	
Motorrad		Schwester	100, — ÖS	Chef
Wintermantel		Filmkamera	Gäste	

Jeder Satz 2 Punkte

II Frage:

Antwort:

Was kriegt denn die Katze?   *Meiner Katze*   gebe ich nur das Beste.

Was kriegt denn der Hund?   _____ gebe ich nur das Beste.

Was kriegt denn das Pferd?   _____ gebe ich nur das Beste.

Was kriegen denn die Goldfische?   _____ gebe ich nur das Beste.

Was kriegt denn das Kätzchen?   _____ gebe ich nur das Beste.

Was kriegt denn der Papagei?   _____ gebe ich nur das Beste.

Jede Lösung 1 Punkt

III Ergänzen Sie bitte das Personalpronomen

a Darf _____ _____ meinen Freund Michael vorstellen?

b Ich möchte _____ in die Oper einladen, Frau Luft, kommen Sie mit?

c Oh, Sie haben kein Kleid für die Oper? Schade. Das tut _____ sehr leid, Frau Luft,

da kann ich _____ nicht helfen.

Jede Lösung 1 Punkt
Zusammen 20 Punkte

Phonetisches Zwischenspiel

Vorderes und hinteres ch

1 ∞

Bitte
sprechen Sie

ich schieße	Nichtschwimmer
ich schlafe	durchschauen
ich schreibe	Milchschokolade
ich schwimme	durchschneiden

2 ᴑᴑ

Welches Wort
hören Sie?

| 1 | a | ☐ | Tisch |
| | b | ☐ | dich |

| 3 | a | ☐ | mischen |
| | b | ☐ | München |

| 5 | a | ☐ | frisch |
| | b | ☐ | Früchte |

| 2 | a | ☐ | Kirsche |
| | b | ☐ | Kirche |

| 4 | a | ☐ | misch |
| | b | ☐ | mich |

| 6 | a | ☐ | dich |
| | b | ☐ | Tisch |

3 ᴑᴑ

Bitte
sprechen Sie

Milchfläschchen
Kindergeschichte
Bücherschrank
Mädchengesicht

Ich wasche mich, ich dusche mich.
Ich schlafe, ich schleiche.
Das Licht leuchtet über die Dächer.
Ich schwimme durchs frische Wasser.

4

Elemente

Das hintere **ch**

nach a o u au:

**machen, wachen, lachen
doch, noch, Woche
Buch, suchen, Kuchen
auch, rauchen, brauchen**

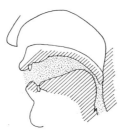

Sprechen Sie ein hartes k und
lösen Sie den Verschluß der Zunge
langsam: kch... Die langsame
Lösung des k-Lautes – das ist
das hintere **ch**.

5 ⌾⌾

Bitte
sprechen Sie

wachen machen lachen	Takt Akt Nacht
doch noch Loch Woche	Sekt nackt acht Nacht
Buch Tuch Besuch	Er lacht und lacht.
buchen suchen besuchen	Er trinkt Tee und raucht.
kochen lachen brauchen	Er wartet und wacht.
Schach Dach Krach	nur eine Nacht

Wir kochen.
Ach, rauchen Sie?
Warten Sie auch?
Wir buchen den Flug.
Wir warten und wachen.
eine harte Sache

6 ⌾⌾

Bitte
hören Sie

nackt → Nacht
Dock doch
Akt acht
Bug Buch
er mag er macht
Pocken pochen
nackt Nacht
Akt acht

7 ⌾⌾

Bitte
sprechen Sie

der dunkle Rauch
der Doktor mit dem dicken Bauch
die schwarze Nacht
rauchen und schachspielen
Ach, bist du so schwach?

das rote Dach
das dunkle Tuch
Nachtlicht
Hochzeit im Garten
eine kleine Nachtmusik

Kapitel 14

Kernprogramm

1 ⊙⊙
Szene

Dame:	Wilhelm!
Herr:	Mmm?
Dame:	Ich muß dir was sagen.
Herr:	Was denn?
Dame:	Isolde hat gestern geheiratet.
Herr:	So so. – Wer?
Dame:	Unsere Tochter Isolde hat gestern geheiratet.
Herr:	Isolde – hat geheiratet? Meine Tochter Isolde hat geheiratet? Gestern? Und mich hat keiner gefragt!!

Dame:	Sie hat einen Brief geschrieben.
Herr:	Hm?
Dame:	Sie hat mir einen Brief geschrieben.
Herr:	Sie hat dir einen Brief geschrieben? Wen hat sie denn geheiratet? Das kann doch nur dieser Typ sein, der Schnapstrinker! Arbeitet nichts! Hat nichts! Und der hat meine Tochter geheiratet! Und mich – mich fragt keiner.
Dame:	Und morgen nachmittag kommt Isolde mit ihrem Mann zum Kaffee.
Herr:	Mit ihrem Mann! Mit ihrem Mann! Pah! Ich will sie nicht sehen, die beiden.
Dame:	Aber Wilhelm! Er ist ganz nett, ganz sympathisch.
Herr:	Nett! Sympathisch! Pah – du freust dich auch noch, wie?
	...
Dame:	Jetzt hat er die Tür zugeschlagen. Ich will sie nicht sehen, hat er gesagt. Aber ich kenne ihn, meinen Wilhelm. Morgen früh kommt er und fragt ganz leise: Wie geht es Isolde? Hast du nichts von ihr gehört? Wann kommt sie?

2
Textarbeit

1　Isolde hat einen Brief geschrieben. Was steht in dem Brief?
2　Isolde will morgen mit ihrem Freund zum Kaffee kommen. Warum?
3　Der alte Herr schlägt die Tür zu. Warum?
4　Die alte Dame ist nicht so pessimistisch. Warum?

3 ෬
Variation

Max:	Meine Schwester ___*hat*___ geheiratet.
Nick:	Wen denn?
Max:	Ich kenne den Mann nicht. Ich _____ nur seinen Namen gehört.
Nick:	Was? _____ sie ihn dir gar nicht vorgestellt?
Max:	Nein.
Nick:	_____ du gar nicht bei der Hochzeit gewesen?
Max:	Nein.
Nick:	Woher weißt du es überhaupt? Wer _____ es dir denn erzählt?
Max:	Ich _____ es in der Zeitung gelesen.

4

Kombination

Bauen Sie Sätze

Beispiel: Wir haben unserem Sohn zur Hochzeit eine Filmkamera geschenkt.

zum Geburtstag
zu Weihnachten
zu Ostern
zur Hochzeit
zum Abschied

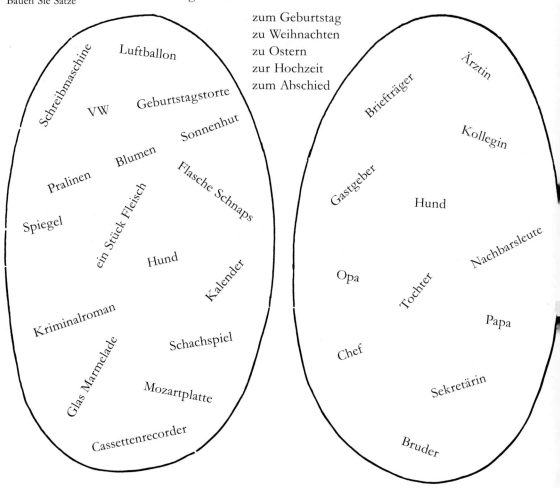

Schreibmaschine
Luftballon
VW
Geburtstagstorte
Sonnenhut
Blumen
Pralinen
ein Stück Fleisch
Flasche Schnaps
Spiegel
Hund
Kalender
Kriminalroman
Glas Marmelade
Schachspiel
Mozartplatte
Cassettenrecorder

Briefträger
Ärztin
Kollegin
Gastgeber
Hund
Opa
Tochter
Nachbarsleute
Papa
Chef
Sekretärin
Bruder

5 ∞

Bitte
sprechen Sie

Du mußt die Postkarte schreiben!
→ Ich habe sie gerade geschrieben.

Du mußt dem Großvater schreiben!
Sie müssen den Brief schreiben!
Du mußt dem Nachbarn schreiben!
Sie müssen die Adresse schreiben!
Ihr müßt den Eltern schreiben!

Du mußt Fritz schreiben!
Sie müssen die Briefe schreiben!
Du mußt der Kollegin schreiben!
Ihr müßt die Karte schreiben!

6

Elemente

DAS PERFEKT

Das Perfekt besteht aus zwei Teilen:

Hilfsverb   +   Partizip II

ich bin ...   **gefahren**

ich habe ...   **gehört**

Wann nehmen wir *ich bin*, wann nehmen wir *ich habe*?

Perfekt mit **ich bin**:	Perfekt mit **ich habe**:
WECHSEL ●————→● Ort A Ort B **Ich bin nach Wien gefahren.** **Ich bin ins Wasser gefallen.** ●————→● Zustand A Zustand B **Ich bin wieder 2 cm gewachsen.** **Es ist nichts passiert.** Aber nur Verben, die keinen Akkusativ haben können	Alle anderen Verben **Ich habe die „Zauberflöte" gehört.** **Ich habe Eva besucht.**

7 ⊙⊙

Bitte
sprechen Sie

Essen Sie Fisch?

→ Nein, ich habe noch nie Fisch gegessen.

Rauchen Sie Haschisch?   Reiten Sie?

Spielen Sie Fußball?   Schreiben Sie Romane?

Fahren Sie Motorrad?   Spielen Sie Schach?

Trinken Sie Whisky?   Lesen Sie Goethe?

8
Studie

a   Ich arbeite nicht.   *Ich habe noch nie gearbeitet*   .

b   Er lacht nicht.   *Er* _____   .

c   Ich trinke keinen Alkohol.   _____ .

d   Sie fragt nicht.   _____ .

e   Ich spiele nicht um Geld.   _____ .

f   Ich mache keine Geschenke.   _____ .

g   Wir gehen nicht in die Kirche. _____ .

h   Sie weint nicht.   _____ .

i   Ich fliege nicht.   _____ .

k   Sie ruft nicht an.   _____ .

l   Ich esse keinen Honig.   _____ .

m   Wir nehmen keine Gäste auf. _____ .

n   Ich schwimme nicht im Meer. _____ .

9
Analyse

WECHSEL

●———————→●
Ort A   Ort B

●———————→●   *Bitte notieren Sie:*
Zustand A   Zustand B   Diese Verben signalisieren einen Wechsel:

fallen platzen fliegen rennen hören trinken

aufstehen sitzen kaufen passieren fahren   *fahren,* _____

absteigen aufwachen umsteigen stehen landen   _____

bekommen sagen starten schlafen einschlafen   _____

explodieren wachsen essen kommen lassen   _____

10

Studie

Bitte ergänzen Sie
die Hilfsverben

Luise: Huhuhuhu! Mein Mann _____ nach Zürich gefahren.

Emma: _____ er dir nichts gesagt?

Luise: Nein! Er _____ mich plötzlich aus Zürich angerufen.

Emma: _____ er denn ganz allein gefahren?

Luise: Keine Ahnung. Vielleicht _____ jemand mitgefahren.
Schrecklich.

Emma: _____ du schon einmal in Zürich gewesen?

Luise: Nur einmal _____ ich mitgefahren, aber das _____ mir gar
nicht gefallen.

11

Studie

Bitte ergänzen Sie
die Hilfsverben

a Wir _____ ein Taxi genommen.

b Wir _____ zum Bahnhof gefahren.

c Wir _____ die Fahrkarten gekauft.

d Wir _____ in den Orient-Expreß eingestiegen.

e Um 7.20 _____ wir abgefahren.

f Im Speisewagen _____ wir gefrühstückt.

g Wir _____ miserabel geschlafen.

h Aber wir _____ gut in Istanbul angekommen.

12
Elemente   TRENNBARE UND NICHT-TRENNBARE VERBEN

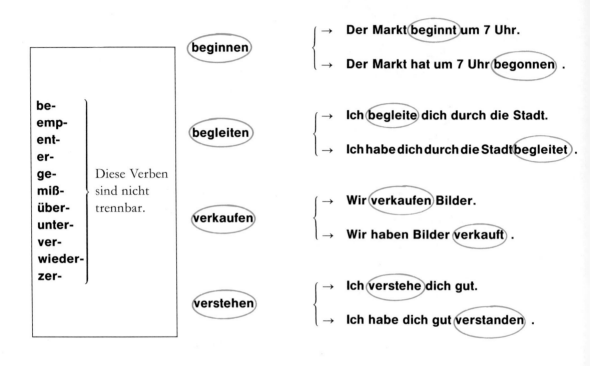

be- emp- ent- er- ge- miß- über- unter- ver- wieder- zer-	Diese Verben sind nicht trennbar.

beginnen
→ Der Markt beginnt um 7 Uhr.
→ Der Markt hat um 7 Uhr begonnen .

begleiten
→ Ich begleite dich durch die Stadt.
→ Ich habe dich durch die Stadt begleitet .

verkaufen
→ Wir verkaufen Bilder.
→ Wir haben Bilder verkauft .

verstehen
→ Ich verstehe dich gut.
→ Ich habe dich gut verstanden .

Verben mit allen anderen Präfixen sind trennbar.

ankommen
→ Wir kommen an .
→ Wir sind um 13.20 angekommen .

einkaufen
→ Wir kaufen Obst ein .
→ Wir haben Obst eingekauft .

zurückkommen
→ Ich komme am Montag zurück .
→ Ich bin am Montag zurückgekommen .

13

Analyse

Wie heißt der Infinitiv?

Infinitiv: Partizip II:

verstehen → verstanden

abfliegen → abgeflogen

a _____ → bestellt

b _____ → begonnen

c _____ → mitgenommen

d _____ → unterschrieben

e _____ → eingeladen

f _____ → angefangen

g _____ → zurückgekehrt

h _____ → empfangen

i _____ → umgestiegen

k _____ → entstanden

l _____ → bekommen

m _____ → angekommen

n _____ → unterstrichen

o _____ → verloren

p _____ → angerufen

q _____ → aufgewacht

r _____ → zurückgegeben

s _____ → weggeworfen

t _____ → umgezogen

u _____ → versucht

v _____ → wiederholt

14
Elemente

Alle Verben mit der Endung *-ieren* bilden das Partizip II so:

studieren → **studiert**

15
Studie

Wie heißt das Partizip II?

frisieren   → _____

rasieren   → _____

telefonieren → _____

addieren   → _____

kritisieren   → _____

produzieren   → _____

probieren   → _____

kopieren   → _____

16
Studie

Unregelmäßige Verben

Benutzen Sie die Tabelle auf Seite 291–294:

Wie heißt das Partizip II?

	Infinitiv:	Partizip II:
a	essen	→ _____
b	trinken	→ _____
c	sprechen	→ _____
d	waschen	→ _____
e	mitbringen	→ _____
f	wissen	→ _____
g	abspringen	→ _____
h	mithelfen	→ _____

i　beschreiben　→　_____

k　anhalten　→　_____

l　verstehen　→　_____

m　bestehen　→　_____

n　nachdenken　→　_____

o　verlassen　→　_____

p　abhängen　→　_____

q　verbieten　→　_____

r　vorlesen　→　_____

s　anziehen　→　_____

t　raten　→　_____

u　geschehen　→　_____

17
Studie

Bauen Sie Sätze
im Perfekt

Alfred　Amerikanerin　Postkarte

Alfred hat der Amerikanerin eine
Postkarte geschrieben.

a　Junge　Mädchen　Kuß

b　Ober　Dame　Tee

c　Dr. König　Frau　Blumen

d　Wir　Gäste　Haus

e　Michael　Freundin　Brief

f　Irene　Freund　Kaffee

g　Wir　Wirt　Rechnung

h　Vater　Sohn　Ball

18
Elemente   *PRÄSENS UND PERFEKT*

PRÄSENS

ich verstehe	wir verstehen
Sie verstehen du verstehst	Sie verstehen ihr versteht
er sie } versteht es	} sie verstehen

Infinitiv: **verstehen**

ich wache auf	wir wachen auf
Sie wachen auf du wachst auf	Sie wachen auf ihr wacht auf
er sie } wacht auf es	} sie wachen auf

Infinitiv: **aufwachen**

PERFEKT

ich habe verstanden	**wir haben verstanden**
Sie haben verstanden	**Sie haben verstanden**
du hast verstanden	**ihr habt verstanden**
er ⎫ **sie** ⎬ **hat verstanden** **es** ⎭	⎫ ⎬ **sie haben verstanden** ⎭

ich bin aufge**wacht**	**wir sind auf**ge**wacht**
Sie sind aufge**wacht**	**Sie sind auf**ge**wacht**
du bist aufge**wacht**	**ihr seid auf**ge**wacht**
er ⎫ **sie** ⎬ **ist auf**ge**wacht** **es** ⎭	⎫ ⎬ **sie sind auf**ge**wacht** ⎭

19 ⊙⊙
Szene

Bitte ergänzen Sie die Verben *fliegen, sagen, sehen, vergessen, zuschlagen* (immer im Perfekt) und die Hilfsverben.

Herr Zeiss: Feierabend! Wiedersehen, Frau Zeder!

Frau Zeder: Halt, halt, Herr Zeiss! _____ Sie Herrn Mohr

angerufen?

Herr Zeiss: Ach Gott, das _____ ich total vergessen.

Frau Zeder: _____ Sie im Personalbüro bei Frau Dr. Kobra

gewesen?

Herr Zeiss: Himmel, das _____ ich auch _____ .

Frau Zeder: _____ Sie mit Ingenieur Tell gesprochen?

Herr Zeiss: Herr Tell? Nein, der war heute nicht da. Ich _____

ihn den ganzen Tag nicht _____ .

Frau Zeder: Übrigens, einen Gruß von Ihrer Frau, sie _____ heute

nachmittag auf die Kanarischen Inseln _____ .

Herr Zeiss: Meine Frau? Unmöglich! Woher wissen Sie das? Wer

_____ Ihnen das _____ ?

Frau Zeder: Ihre Frau selbst.

Herr Zeiss: Gute Nacht.

Frau Zeder: Hm. Jetzt _____ er die Tür _____ .

Dumm. Aber ich kann ihm auch nicht helfen.

20
Textarbeit

1   Frau Zeder ist eine gute Sekretärin. Stimmt das?
2   Herr Zeiss schlägt die Tür zu. Warum?
3   Wann spielt die Szene?

21 ⊙⊙
Hören und
verstehen

Nehmen Sie ein Blatt Papier. Bitte schreiben Sie immer die Antwort.

Weitere Materialien zur Auswahl

22
Studie

Wie heißt das Partizip II?

Infinitiv: Partizip II:

a   glauben   →   _____

b   servieren   →   _____

c   versuchen   →   _____

d   zurückbringen   →   _____

e   erreichen   →   _____

f   nennen   →   _____

g   verzaubern   →   _____

h   heiraten   →   _____

23
Studie

Bitte ergänzen Sie
die Hilfsverben

a   Unser Reifen _____ geplatzt!

b   Wir _____ furchtbar erschrocken.

c   Aber uns _____ nichts passiert.

d   Wir _____ den Reifen gewechselt.

e   Dann _____ wir weitergefahren.

f   Wir _____ um halb fünf aufgestanden und _____
    Kaffee getrunken.

g   Um fünf _____ die Sonne aufgegangen.

h   Wir _____ auf den Berg gegangen und _____ um elf
    oben gewesen.

i   Oben auf dem Gipfel _____ wir Rast gemacht.

k   Dann _____ wir wieder abgestiegen.

24

„laut denken"

- Die Bildgeschichte hier links hat die elfjährige Rena gezeichnet. Können Sie erkennen, was da passiert?

- Beschreiben Sie die Zauberin!

- Die Zauberin verzaubert drei Leute. Beschreiben Sie die drei Leute
  − vor der Sekunde X
  − nach der Sekunde X

- Aber am Ende kommt ein Affe. Er ist der bessere Zauberer.

- Bitte erzählen Sie die ganze Geschichte im Perfekt!

- Können Sie in der Geschichte eine Idee, eine Logik, einen Gedanken finden?

25

Studie

Wie heißt das
Partizip II ?

a duschen   → _____

b gucken   → _____

c zurückbleiben   → _____

d hoffen   → _____

e einkaufen   → _____

f weinen   → _____

g zusammenarbeiten → _____

h aufhören   → _____

i telegrafieren   → _____

k mitfahren   → _____

26
Lesetext

Ernst K.

Der Frankfurter Arztsohn Ernst K. (21) hat im Gymnasium das Abitur mit Latein und Griechisch gemacht. Jetzt lernt er Hufschmied. Er kann nicht Tiermedizin studieren, denn er hat die Abitursnote 3,4 (für die Universität braucht er 2,0). „Mir macht meine neue Arbeit Spaß," sagt er, „ich hoffe, in zwei Jahren bekomme ich dann einen Studienplatz."
Barbara Walter (20) hat dreizehn Jahre Schule hinter sich. Im Abitur hat sie nur die Note 3,0 erreicht. Damit bekommt sie keinen Studienplatz. Sie lernt jetzt Damenschneiderei. Wahrscheinlich eröffnet sie in vier oder fünf Jahren einen Modesalon. „Als selbständige Schneidermeisterin kann ich bis 10000,– DM im Monat verdienen," sagt Barbara, „das ist so viel wie ein Minister."
Man muß nicht unbedingt studieren, sagen die Abiturienten heute. Die bundesdeutschen Universitäten haben in diesem Wintersemester 51000 Studenten heimgeschickt. Wir haben den jungen Leuten die Frage gestellt: Warum studieren? Hier sind einige Antworten:

Axel F. (18): „Nach dem Abitur lerne ich das Schreinerhandwerk. Ich kann die Schule nicht mehr sehen. Ich muß sie erst mal vergessen."
Michael W. (20): „Das Gymnasium lehrt nur akademisches Wissen. Die Praxis lernt man da nicht kennen. Das Gymnasium muß viel mehr praktisches Wissen bieten. Nur dann gibt es nach dem Abitur eine echte Alternative: Studium – oder praktischer Beruf."
Patrizia M. (17): „Auf die Theorie der Schule folgt für viele Abiturienten sofort die Theorie der Universität. Warum nicht zwischen Gymnasium und Universität einige Jahre praktisch arbeiten? Warum nicht auch als Fabrikarbeiter oder Verkäuferin? Ich will später Psychologie studieren – da muß ich doch die Probleme der Menschen kennen. Ein oder zwei Jahre Praxis, in der Fabrik, im Krankenhaus, im Altenheim, das ist für den Jugendlichen eine Chance. Der Mediziner kann die Patienten, der Architekt die Mieter, der Soziologe die sozialen Gruppen viel besser kennen und verstehen lernen."

27
Textarbeit

a Was für ein Text ist das?
☐ ein Zeitungsreport
☐ eine Theorie
☐ eine psychologische Analyse
☐ eine politische Rede

b Worüber informiert der Text?
☐ über Probleme in der Fabrik
☐ über Probleme des Studiums
☐ über Probleme des Wissens
☐ über Probleme der Mode

c Was kritisieren die Schüler?
☐ die Schule bietet keine Psychologie
☐ die Schule bietet keine Praxis
☐ die Schule bietet kein Geld
☐ die Schule bietet keine Theorie

28
Das richtige Wort

Wie heißt das Gegenteil?

hell   lang   nie   offen   erlauben   gewinnen   weggehen
ruhig   weiß   begrüßen   kaufen   aussteigen   aufwachen
vermieten   selten   spät   süß   tot   voll   alt

29
Kontrolle

I „Wie heißt der Professor?"
– „Tut mir leid, das habe ich *vergessen* ."

a „Zwei Stunden hat euer Fußballspiel gedauert?"
– „Ja, aber zum Glück haben wir _____!"

b „Was kostet das Motorrad?"
– „Sie kommen zu spät. Ich habe es gerade vor fünf Minuten _____."

c „Kann ich das Fahrgeld bekommen?"
– „Nein, die Fahrkarte müssen Sie selber _____."

d „Wie schmeckt der Cognac?"
– „Ich habe ihn noch gar nicht _____."

e „Wir fahren!"
– „Augenblick, ich muß noch meine andere Jacke _____."

f   „Kennen Sie Cambridge?"
    –   „Natürlich, da habe ich vier Semester _____ ."

g   „Wissen Sie was von Niki?"
    –   „Nein, sie hat mir seit zwei Jahren keinen Brief mehr _____ ."

h   „Habe ich viele Fehler in dem Test?"
    –   „Nein, Sie haben keinen einzigen Fehler _____ ."

i   „Hahahaha!"
    –   „Verzeihung, ich kann nicht mehr lachen, den Witz hast du schon fünfmal

        _____ ."

k   „Hier – ein Tee für die Dame."
    –   „Und ich? Ich habe einen Kaffee _____ !"

Jede Lösung 1 Punkt

II   *Beispiel:*

Adresse   *Ich habe ihm unsere Adresse gegeben.*

Bitte wählen Sie fünf Beispiele und schreiben Sie Sätze, immer im Perfekt:

a   Hotelbett _____

b   Apfel / Baum _____

c   Fotos / Berlin _____

d   Automotor _____

e   Reisebüro _____

f   Paket / Post _____

g   Maschine / London _____

h   Konzert / 20 Uhr _____

Jeder Satz 2 Punkte
Zusammen 20 Punkte

UNREGELMÄSSIGE VERBEN

1	biegen	bog	hat/ist gebogen
	bieten	bot	hat geboten
	fliegen	flog	hat/ist geflogen
	fliehen	floh	ist geflohen
	fließen	floß	ist geflossen
	frieren	fror	hat/ist gefroren
	gießen	goß	hat gegossen
	riechen	roch	hat gerochen
	schieben	schob	hat geschoben
	schießen	schoß	hat geschossen
	schließen	schloß	hat geschlossen
	verlieren	verlor	hat verloren
	wiegen	wog	hat gewogen
	ziehen	zog	hat/ist gezogen
2	binden	band	hat gebunden
	finden	fand	hat gefunden
	gelingen	gelang	ist gelungen
	klingen	klang	hat geklungen
	singen	sang	hat gesungen
	sinken	sank	ist gesunken
	springen	sprang	ist gesprungen
	trinken	trank	hat getrunken
	verschwinden	verschwand	ist verschwunden
	zwingen	zwang	hat gezwungen
3 a	beweisen	bewies	hat bewiesen
	bleiben	blieb	ist geblieben
	leihen	lieh	hat geliehen
	scheiden	schied	hat/ist geschieden
	scheinen	schien	hat geschienen
	schreiben	schrieb	hat geschrieben
	schweigen	schwieg	hat geschwiegen
	steigen	stieg	ist gestiegen
	treiben	trieb	hat/ist getrieben

b	beißen	biß	hat gebissen
	leiden	litt	hat gelitten
	pfeifen	pfiff	hat gepfiffen
	reiten	ritt	hat/ist geritten
	schneiden	schnitt	hat geschnitten
	streiten	stritt	hat gestritten
4 a	bewerben (bewirbt)	bewarb	hat beworben
	brechen (bricht)	brach	hat/ist gebrochen
	empfehlen (empfiehlt)	empfahl	hat empfohlen
	erschrecken (erschrickt)	erschrak	ist erschrocken
	gelten (gilt)	galt	hat gegolten
	helfen (hilft)	half	hat geholfen
	nehmen (nimmt)	nahm	hat genommen
	sprechen (spricht)	sprach	hat gesprochen
	stehlen (stiehlt)	stahl	hat gestohlen
	sterben (stirbt)	starb	ist gestorben
	treffen (trifft)	traf	hat getroffen
	werfen (wirft)	warf	hat geworfen
b	beginnen (beginnt)	begann	hat begonnen
	schwimmen (schwimmt)	schwamm	hat/ist geschwommen
	gewinnen (gewinnt)	gewann	hat gewonnen
c	kommen (kommt)	kam	ist gekommen
d	heben (hebt)	hob	hat gehoben
	schmelzen (schmilzt)	schmolz	hat/ist geschmolzen
5 a	essen (ißt)	aß	hat gegessen
	fressen (frißt)	fraß	hat gefressen
	geben (gibt)	gab	hat gegeben
	geschehen (geschieht)	geschah	ist geschehen
	lesen (liest)	las	hat gelesen
	messen (mißt)	maß	hat gemessen
	sehen (sieht)	sah	hat gesehen
	treten (tritt)	trat	hat/ist getreten
	vergessen (vergißt)	vergaß	hat vergessen

b	bitten (bittet)	bat	hat gebeten
	liegen (liegt)	lag	hat gelegen
	sitzen (sitzt)	saß	hat gesessen
6	backen (bäckt)	buk	hat gebacken
	fahren (fährt)	fuhr	hat/ist gefahren
	laden (lädt)	lud	hat geladen
	schlagen (schlägt)	schlug	hat geschlagen
	tragen (trägt)	trug	hat getragen
	wachsen (wächst)	wuchs	ist gewachsen
	waschen (wäscht)	wusch	hat gewaschen
7 a	braten (brät)	briet	hat gebraten
	fallen (fällt)	fiel	ist gefallen
	fangen (fängt)	fing	hat gefangen
	hängen (hängt)	hing	hat gehangen
	halten (hält)	hielt	hat gehalten
	lassen (läßt)	ließ	hat gelassen
	raten (rät)	riet	hat geraten
	schlafen (schläft)	schlief	hat geschlafen
b	gehen (geht)	ging	ist gegangen
	heißen (heißt)	hieß	hat geheißen
	laufen (läuft)	lief	ist gelaufen
	stoßen (stößt)	stieß	hat/ist gestoßen
8	brennen (brennt)	brannte	hat gebrannt
	bringen (bringt)	brachte	hat gebracht
	denken (denkt)	dachte	hat gedacht
	kennen (kennt)	kannte	hat gekannt
	nennen (nennt)	nannte	hat genannt
	senden (sendet)	sandte	hat gesandt
	stehen (steht)	stand	hat gestanden
	wenden (wendet)	wandte	hat gewandt
9 a	dürfen (darf)	durfte	hat gedurft
	müssen (muß)	mußte	hat gemußt
b	können (kann)	konnte	hat gekonnt
	mögen (mag)	mochte	hat gemocht

293

10	haben (hat)	hatte	hat gehabt
	rufen (ruft)	rief	hat gerufen
	sein (ist)	war	ist gewesen
	tun (tut)	tat	hat getan
	werden (wird)	wurde	ist geworden
	wissen (weiß)	wußte	hat gewußt

Hinweise zu den Bildern

Seite 6: Wien, Café Demel

Seite 10/11, Bild 1: Belvedere

　　　　　　Bild 2: Hotel Sacher

　　　　　　Bild 3: Blick auf den Stephansdom

Seite 72, links: *Herz aus Glas*

　　　　oben: *Die Ehe der Maria Braun*

Seite 73, links oben: *Die Augen der Mumie Ma*

　　　　links unten: *Schatten*

　　　　rechts Mitte: *Der Kongreß tanzt*

　　　　rechts unten: *Faust*

Seite 136, 146, 148: Frankfurt, Hauptbahnhof

Seite 153 und 156: Frankfurt, Flughafen

Seite 153, links unten: Palmengarten

　　　　rechts: Der Römer (Das Frankfurter Rathaus)

Seite 154, rechts oben: Kunstgewerbemuseum

Seite 155, oben: Der Eiserne Steg mit Blick auf die Innenstadt.

　　　　(Unser Umschlagbild zeigt ebenfalls den Eisernen Steg, aber mit Blick auf das Stadtviertel Sachsenhausen.)

Seite 210 und 212: Schnoor-Viertel

Seite 213, links oben: Die „Bremer Stadtmusikanten"

Seite 223: Anlagen und Neues Schloß

Seite 224: Altes Schloß

Seite 226, links: Schillerplatz und Stiftskirche

　　　　rechts: Blick auf das Neue Schloß

Seite 232: Königstraße, Bahnhof

Seite 264: Jil Sander

Bildnachweis

Artothek Kunstdia-Archiv, Planegg: 22, 67, 216; Produktion Albatros: 72;
R. Bader, Augsburg: 134 (2); R. Bald, Hamburg: VIII;
Bavaria-Verlag, Gauting: 214 (1); F. Beyer, München: 46 (1), 51 (1);
G. Berger, Prien: 59, 65, 66 (1); H. Christoph, Essen: VIII (1);
C. Fanin, Padua: VIII (1);
Filmverlag der Autoren, München: 72 (1), 73 (1);
foto-present, Essen: 46 (1), 47 (2), 66 (1), 67;
Sophie Gnamm: 67 (1); Gruner & Jahr Syndication, Hamburg: 4 (1), 24 (2);
C.C. Günther, München: 16, 47 (1);
J. Hafner, München: 87, 142;
Archiv Häussermann: 4 (1), 33, 39, 64 (8), 73 (3), 86, 103, 149 (2), 213
(1), 215 (1), 222 (4), 225, 235, 237 (2);
T. Häussermann, Stuttgart: 44;
U. Häussermann, Prien: VIII (1), 4 (4), 6, 8, 10 (2), 11 (2), 21, 24 (6), 26 (1),
27 (7), 28 (1), 31, 32, 40 (8), 46 (1), 47 (2), 51 (1), 80 (8), 83, 88, 94,
100 (4), 105, 111, 114 (2), 115 (4), 119, 126, 127, 134 (3), 146 (2), 147,
151, 153, (1), 154 (2), 155 (3), 156, 158, 164 (4), 178, 186 (7), 190, 202
(8), 206, 207, 214 (1), 222 (4), 224, 226 (1), 228, 230, 261 (2), 272;
Ed. Holcomb: 164 (1);
Inter Nationes, Bonn: 113, 167, 208, 215 (1), 237 (1);
H. Jülger, Köln: 180;
Keystone Pressedienst, Hamburg: 212 (2);
Farbbildarchiv Klammet, Germering: 11 (2), 204 (Freigabe d. d. Reg. v.
Obb. Nr. G 43/379), 205, 213 (2), 226
R. Liebig, Süßen: 25, 26 (1), 28 (1), 223, 230, 232;
K. Meier-Ude, Frankfurt: 136, 147, 148, 153 (2), 154 (2), 155 (2), 158;
H. Melchart, Düsseldorf: 288;
V. Prechtel, Gröbenzell: 4 (1), 46 (2), 134 (2);
Schiller-Nationalmuseum, Marbach: 236 (2)
M. Seifert, Hannover: 29;
SPD-Archiv, Bonn: 237 (1);
Stadtarchiv Frankfurt: 158 (1); Stadtarchiv Stuttgart: 229 (1);
G. v. Stokar: 134 (1); U. v. Stokar: 4 (1);
L. Ströter, Köln: 174 (1);
Tanner, Nesselwang: 3;
M. Vollmer, Essen: 165, 174 (1), 175 (4);
H. Wedewarth, Hoffnungsthal: 164 (3);
Werbe- und Wirtschaftsförderungsamt der Stadt Düsseldorf: 76, 77;
F. Will, München: 186 (1).

Textnachweis

S. 92   Abendzeitung, 14. 2. 1987

S. 142   Zahlen nach dem Stand von 1980. Mehr dazu im Lehrerheft

S. 143   Zahlen nach dem Stand von 1987

S. 150   Fahrplan 1988/1989

S. 159   Neue Zürcher Zeitung, 4. März 1987

S. 180   Kölner Stadt-Anzeiger 54/87, 5. 3. 1987

S. 215   Bundeszentrale für politische Bildung: Politische Zeitung 3/1988

S. 228   Nach L. Wolter und K. Tichay: Gartenwirtschaften in Stuttgart. Stuttgart: Silberburg 1986. S. 172–176

S. 234   Zweiter Teil des Textes frei nach Ulrich Conrads: Umwelt Stadt. Reinbek: Rowohlt 1974

S. 235   Bertolt Brecht aus: Gesammelte Werke. (c) Suhrkamp Verlag Frankfurt am Main 1967. Band 9, S. 691

S. 264   Zitate nach Vogue 4/85, S. 188

S. 288   Dieser Text beginnt mit einer Paraphrase eines Artikels aus „Bild", 21. 1. 1977. Zweiter Teil des Textes: Leserzuschriften in der „Zeit", 5. 3. 1977

987 654 321